EL GRITO SAGRADO

LA HISTORIA ARGENTINA QUE NO NOS CONTARON

Diseño de interior y tapa: Isabel Rodrigué

PACHO O' DONNELL

EL GRITO SAGRADO

LA HISTORIA ARGENTINA QUE NO NOS CONTARON

Prólogo de
FÉLIX LUNA

EDITORIAL SUDAMERICANA
BUENOS AIRES

PRIMERA EDICION
Diciembre de 1997

DECIMOSEGUNDA EDICION
Febrero de 1999

IMPRESO EN LA ARGENTINA

*Queda hecho el depósito
que previene la ley 11.723.*
© *1997, Editorial Sudamericana S.A.
Humberto I° 531, Buenos Aires.*

ISBN 950-07-1331-4

A mi padre, que siempre está conmigo.

PRÓLOGO

Sucedí a Pacho O'Donnell en el cargo de Secretario de Cultura de la Ciudad de Buenos Aires, en diciembre de 1986. Lo conocía de antes aunque no teníamos una amistad frecuente. Pero al asumir la función que él había desempeñado me dio buenos consejos y me facilitó el comienzo de mi gestión brindándome un amplio y veraz panorama de los organismos que habría de dirigir.

Después seguí su trayectoria, y aunque discrepé muchas veces con él, siempre admiré el empeño que puso para cumplir con sus responsabilidades. Había leído algunos de sus libros de ficción y me sorprendí cuando publicó una biografía de Juana Azurduy y otra de Monteagudo, pues no sabía que el encanto de la historia lo había atrapado.

Ahora hace una incursión por zonas del pasado que, curiosamente, son poco conocidas por el público argentino. Uno podría suponer que la guerra de la Independencia debía ser un tema remanido, y es cierto que algunas batallas como Tucumán y Salta, algunos episodios como la toma de Montevideo o el cruce de los Andes han sido muy estudiados y difundidos. Pero hay una parte de esta gesta que permanece envuelta en cierta penumbra, al menos para la generalidad de los aficionados a la historia. Se trata de los sucesos bélicos y políticos que tuvieron como escenario el Alto Perú. Recordemos que el actual territorio boliviano formaba parte del Virreinato del Río de la Plata, y los gobiernos patriotas, al declararse continuadores de la jurisdicción y la competencia de las autoridades coloniales, consideraron parte de la integridad de estas provincias a la rica comarca altoperuana.

Sin embargo, ese teatro de operaciones ha sido tratado, con algunas excepciones, como si hubiera sido ajeno a nuestra marcha emancipadora. Acaso porque allí nuestros ejércitos sufrieron abrumadoras derrotas (Huaqui, Vilcapugio, Ayohúma, Sipe-Sipe), o tal vez porque el inconsciente colectivo vio a aquella región como demasiado lejana e incomprensible.

En este libro, el autor realiza una entretenida y aleccionadora miscelánea de la lucha por nuestra independencia en el Alto Perú. Lo hace sin seguir el hilo cronológico de la historia sino presentando hechos, personajes y situaciones como un rompecabezas que el propio lector debe ir armando. El panorama que se le ofrecerá al completarlo presentará una tierra difícil, ardua, donde la consecución de los objetivos revolucionarios costó mucha sangre y sufrimiento. Pero también el lector comprenderá a través de estas páginas por qué nos fue tan mal allá y por qué la separación de esa antigua pertenencia del virreinato con capital en Buenos Aires fue una circunstancia fatal e inevitable.

Pacho O'Donnell compone con esta obra, tal vez sin proponérselo, una trilogía de la emancipación americana a través de figuras como aquella valiente guerrillera, Juana Azurduy, ese pensador y ejecutor revolucionario discutido y fascinante que fue Bernardo Monteagudo, y finalmente los personajes casi anónimos, los sucesos casi olvidados que forman el contenido de una gesta continental en la que el Alto Perú no tuvo una participación pequeña. Es un aporte significativo a un "destino sudamericano" que todos anhelamos y que lentamente parece empezar a realizarse a través de iniciativas nacionales que poco tienen que ver con lo que relata el autor pero que reconocen en esa parte de nuestro pasado común un fundamento basal e ineludible.

Con estas líneas deseo dar la bienvenida a Pacho O'Donnell a los territorios de la historia. Estos aportes, que acaso expresen su vocación más escondida, se agregan a su trayectoria de psicoanalista, creador de ficciones y funcionario público. Poner de manifiesto esa querencia por nuestro pasado enriquece su personalidad con un costado que merece nuestro cordial saludo.

FÉLIX LUNA

PRIMERA PARTE

1. LA OSADÍA DE BELGRANO

Cuando Belgrano izó por primera vez la insignia azul y blanca a orillas del río que luego sería llamado, en conmemoración, Juramento, fue severamente reprendido por las autoridades porteñas, quienes le ordenaron deshacerse de ella y volver a enarbolar la roja y gualda de la Corona española.

No le fue mejor más tarde cuando en camino hacia el Alto Perú, festejando el segundo aniversario de la proclama de Mayo, vuelve a reemplazar el estandarte real por la bandera celeste y blanca, la que hace bendecir por el cura Gorriti y pasear por las calles de Jujuy.

Enarbolada en el Cabildo y saludada por salvas de los cañones, Belgrano hizo formar las tropas ante ella, arengándolas con lo que para muchos fue una verdadera declaración de independencia, alejada de las especulaciones politiqueriles de Buenos Aires.

"El 25 de Mayo será para siempre memorable en los anales de nuestra historia, y vosotros tendréis un motivo más para recordarlo cuando sois testigos, por primera vez, de la bandera nacional en mis manos, que nos distingue de las demás naciones del globo (...) Esta gloria debemos sostenerla de un modo digno con la unión, la constancia y el exacto cumplimiento de nuestras obligaciones hacia Dios (...) Jurad conmigo ejecutarlo así, y en prueba de ello repetid ¡Viva la Patria!"

Su comunicación al Triunvirato le es respondida por el inconfundible estilo de Rivadavia.

"El gobierno deja a la prudencia de V.S. mismo la reparación de tamaño desorden (la jura de la bandera), pero debe prevenirle que ésta será la última vez que sacrificará hasta tan alto punto los respetos de su autoridad y los intereses de la nación que preside y forma, los que jamás podrán estar en oposición a la uniformidad y orden. V.S. a vuelta de correo dará cuenta exacta de lo que haya hecho en cumplimiento de esta superior resolución."

Buenos Aires privilegiaba el temor a desagradar al embajador Lord Strangford y se sometía a la estrategia inglesa de sostener hipócritas buenas relaciones políticas con España, que excluían inoportunos arrestos independentistas de sus colonias, a cambio de arrancarle las mayores concesiones comerciales.

Furioso y despechado, don Manuel responde el 18 de julio de 1812, sincerándose que en las dos oportunidades había izado la bandera para "exigir a V.E. la declaración respectiva en mi deseo de que estas provincias se cuenten como una de las naciones del globo". Pero ya que el gobierno no dictaba la independencia, no le cabía otra conducta que recoger la bandera, "y la desharé para que no haya ni memoria de ella —escribe con conmovedor despecho—. Si acaso me preguntan responderé que se reserva para el día de una gran victoria y como ésta está muy lejos, todos la habrán olvidado."

Razones tenía Belgrano para estar sorprendido puesto que, imbuido de la necesidad de no precipitar la autonomía de España, había elegido para la bandera los colores borbónicos, de la casa del Rey Fernando VII: tres franjas, dos azul celeste exteriores y una blanca interior. Los colores que ya lucían en la Escarapela Nacional de las Provincias del Río de la Plata, creada por decreto del 18 de febrero de 1812.

Fue Sarmiento, quien, años más tarde, señalaría que "las fajas celestes y blancas son el símbolo de la soberanía de los reyes españoles sobre los dominios, no de España sino de la Corona, que se extendían a Flandes, a Nápoles, a las Indias; y de esa banda real hicieron nuestros padres divisa y escarapela, el 25 de Mayo, para mostrar que del pecho de un rey cautivo tomábamos nuestra propia Soberanía como pueblo, que no dependió del Consejo de Castilla, ni de ahí en adelante dependería del disuelto Consejo de

Indias". (¿Quién habrá inventado esa cursi historia de don Manuel elevando su mirada e inspirándose en cielo y nubes?)

La bandera celeste y blanca se izó en la fortaleza de Buenos Aires sólo tres años más tarde, luego de la caída de Alvear a raíz de su fracasada intentona de defenestrar a San Martín como Gobernador de Mendoza, sustituyéndolo por el coronel Perdriel (65,96).[1]

---

[1] Estos números indican las referencias bibliográficas ordenadas al final del libro.

2. MORENO, EL JACOBINO

Mariano Moreno, quien pasó el 25 de Mayo de 1810 en la casa de un amigo, desinteresado de lo que sucedía en el Cabildo, se transformó rápidamente en un apasionado protagonista de la revolución contra España.

Fue el equivalente de Robespierre en el Río de la Plata, y quizá se haya propuesto emularlo voluntariamente y de buena fe, convencido de que el terror era el único medio que garantizaba el éxito a una situación tan precaria como la de la Junta de Mayo.

Los historiadores coinciden en que a su pluma se debe el "Plano de Operaciones" en el que se detallaban los medios revolucionarios (aunque se sospecha que el borrador inicial corrió por cuenta de Belgrano).

"Debe observarse la conducta más cruel y sanguinaria con los enemigos de la causa; la menor semiprueba de hechos, palabras, etc. contra la causa debe castigarse con la pena capital, principalmente si se trata de sujetos de talento, riqueza, carácter y alguna opinión; a los gobernadores, capitanes generales, mariscales de campo, coroneles, brigadieres que caigan en poder de la causa debe decapitárselos". En cambio, a los amigos había que disimularles "si en algo delinquiesen que no sea concerniente al sistema pues en tiempos de revolución ningún otro delito debe castigarse sino el de infidencia y rebelión contra los sagrados derechos de la causa, todo lo demás debe disimularse"; "a los extranjeros debe dárseles empleo, pues si no por patriotismo a lo menos por interés serán fieles". Los jueces "deben ser personas de nuestra entera satisfacción que sean adictos para estorbar el apoyo de los ambiciosos y perturbadores del orden público; aun en los juicios particulares debe preferirse siempre al patriota, a quien se le debe proporcionar mejor comodidad y ventajas".

Se completa la estrategia montando una oficina de "seis u ocho sujetos que escriban cartas anónimas, fingiendo o suplantando nombres y firmas para sembrar la discordia y el desconcierto, cuidándose de indisponer los ánimos del populacho contra los sujetos de más carácter y caudales pertenecientes al enemigo". A los hacendados que "sigan el partido contrario" deberá expropiárseles los bienes "para servir a la manutención del ejército". Al tomarse una ciudad, la fortuna de los estantes "de cualquier clase y condición que sean", sin distinción de enemigos o neutrales, "será confiscada en beneficio del Estado"; los jefes serán "decapitados" y "desterrados los españoles y patricios que no hayan dado alguna prueba de adhesión a la causa".

"Los bandos y mandatos públicos deben ser muy sanguinarios y sus castigos muy ejecutivos"; la *Gaceta* debería dar "noticias muy halagüeñas, lisonjeras y atractivas ocultando en lo posible los pasos adversos y desastrados, porque aunque algo se sepa a lo menos la mayor parte de la gente no las conozca"; las derrotas disimularse "con el colorido más aparente" y aun así en "la semana que haya de darse al público alguna noticia adversa, el número de Gacetas a imprimir será muy escaso no debiendo dar oportunidad de que el enemigo nos replique y contradiga en sus periódicos". En cuanto a la prensa extranjera, habría que evitar "los papeles perjudiciales, los que deben secuestrarse" (95).

3. TIERRAS ALTAS Y TIERRAS BAJAS

Las guerras de nuestra independencia se libraron en su gran mayoría fuera de nuestro actual territorio y tuvieron como escenario la Banda Oriental (Uruguay), Chile, Perú y muy principalmente el Alto Perú, hoy Bolivia.

Las provincias argentinas más afectadas por la contienda fueron, lógicamente, las norteñas Jujuy, Salta y Tucumán, que eran escenarios bélicos cuando las tropas realistas que bajaban de Lima ingresaban en las mismas persiguiendo a nuestros ejércitos derrotados en los campos altoperuanos.

Las batallas tuvieron lugar en el altiplano ya que éste era el camino inevitable que conducía hacia Lima, cuya caída era indispensable para asegurar la rebelión de las Provincias del Río de la Plata. Por entonces estas "tierras altas", de una altura promedio de 3.800 metros sobre el nivel del mar, de clima frígido y seco, avaras en recursos naturales tan indispensables para la guerra como cultivos y animales, eran parte de nuestro territorio ya que desde 1776 integraban el Virreinato del Río de la Plata (20, 31, 65).

4. UN TESTIGO DEL HORROR

La lucha por nuestra independencia fue impiadosa.

"El 8 de octubre (1819) entra otro grupo de enemigos de Sicasica a Cabari en número de 300 hombres al mando del inspector Gerónimo Valdés, pasan por Pocusco y acampan allí, desde donde se dispersan partidas por todas partes de la montaña, a juntar ganado vacuno. Recogen como seiscientas cabezas y las sacan a Sicasica".

Así comenzaba este relato el Tambor Vargas, de quien poco y nada se sabe, salvo que fue un casi analfabeto tambor mayor en la guerrilla patriota, y quien desde 1815 hasta 1821 escribió un diario desapasionado y objetivo que no ahorra las atrocidades de ambos bandos.

"En una estancia llamada Guancaraca en el alto de Pocusco, encuentran en su propia casa a un anciano de más de sesenta años cosiendo porque era sastre, un infeliz; y hablándole palabras descorteses embestían al anciano, éste, con palabras de humildad y respeto les habla, pero nada oyen, y siguen trabucando su pobre casuchita, y quieren quemar los pocos trastes que tenía; éste les suplica, que no perjudiquen a un viejo que no se mete en nada, que él ha sido en otros tiempos soldado del Monarca español; al nombrar al Rey se quita el sombrero ya que el anciano estaba hecho a quitarse el sombrero y hacer venia al nombrar el nombre del Rey, entonces le quieren amarrar y llevarlo preso, otros le escupían en la cara llenándole de vituperios, otros le daban de culatazos tratándolo de alzado contra el Rey, hasta que el anciano, acabado el sufrimiento, agarró el cuchillo y le dio una puñalada a uno de ellos y lo hizo caer, dos se echan entonces sobre el anciano, pero al uno lo tumbó y estando luchando con el otro acudieron otros, los que habían estado trabucando otras cositas, y lo mataron a bayonetazos lastimosamente y el soldado herido le cortó la mano y se la llevó; se llamaba el difunto Justo Escobar, natural y vecino del mismo pueblo de Moosa; cerca de la casa del suceso los había alcanzado un amedallado del Rey que andaba de diestro, vio al difunto, lo conoció, y dice 'éste es un gran caudillo, cuñado de José Andrade y Moya, Capitán comandante de Moosa, éste debe tener plata', se queda entonces a buscar en su casa por una hora cuando más tardaría, pero cerca de la casa en una montaña habían estado algunos indios escondidos, entre ellos un Capitán de indios, Eugenio Aguilar, con su sargento Nicolás García, que todo lo estuvieran mirando, y se echaron a la casa, lo pillaron al amedallado Diego Yarvipara, que así se llamaba, lo mataron a palos y pedradas, no quisieron darle un tiro aunque tenían tres fusiles, por no hacer oír el tiro, le cortaron también la mano y la cosieron de ambos cutis al cuerpo de Justo Escobar, y el cuerpo de Yarvipara lo botaron al monte, y no se pudo hallar el cuerpo aunque los del Rey lo buscaron por dos días, y como viesen con las dos manos al difunto Escobar se asustaron y se salieron a Moosa" (63).

5. LA "TENIENTE CORONELA" Y LA VENDEDORA CALLEJERA

Juana Azurduy pasó los años de su infancia entre la ciudad y el campo, donde su padre poseía algunas fincas. Allí aprendió a amar la libertad, a defender la justicia y a respetar a las personas por humildes que fueran; también aprendió a cabalgar como el más consumado de los jinetes varones y a curtir su cuerpo y su espíritu en las duras condiciones de vida del Alto Perú.

Pronto quedó huérfana de padre y madre, cumpliendo con un destino trágico que desde sus años más precoces la enfrentó implacablemente con la muerte de sus seres más queridos.

Su vecino de finca es Manuel Ascencio Padilla, con quien funde sentimientos amorosos. Ambos se identifican en sus ansias de justicia y contraen matrimonio en 1805, cuando Juana tenía 25 años y Manuel Ascencio 30.

Todo transcurrió normalmente para los esposos Padilla Azurduy durante varios años. La dicha hogareña se complementó con el nacimiento de los hijos Manuel, Mariano, Juliana y Mercedes. La tranquilidad de la vida campesina era turbada, de vez en cuando, por la agitación de los indios y la efervescencia revolucionaria en la vecina Chuquisaca, especialmente en los claustros de la Universidad de San Francisco Xavier. Hasta que, el 25 de mayo de 1809, con la anuencia de su mujer, Manuel toma partido por la causa de la libertad aleccionando a los indios en favor de los revoltosos y en contra de los chapetones. Por estas actividades son perseguidos por las huestes realistas.

Juana Azurduy se unió a su esposo en Tarabuco, y

desde entonces luchará a su lado, con coraje y sagacidad ejemplares. Dedicándose a recorrer las comarcas vecinas reclutando hombres para la guerra, organizó un batallón que bautizó con el nombre de "Leales", al que, como devastadora amazona, comandó en varias acciones contra la dominación española.

La vida de los esposos Padilla, secundados por su fiel lugarteniente Juan Huallparrimachi, fue una incesante huida por una geografía cruel que cobraba su precio de hambre, enfermedades y temperaturas extremas, interrumpidas por sangrientas escaramuzas con el enemigo.

El sufrimiento no la doblegó sino que acrecentó su odio contra los españoles y dio mayores fuerzas a su brazo para empuñar la espada. Así estuvo junto a su esposo demostrando serenidad y valentía sin límites en Badohondo y Carachimayu; sufrió también amargamente en el desastre del cerro de las Carretas, luego del cual los esposos se retiraron al pueblo de Pitantora, donde la renombrada amazona, a cuya cabeza los godos habían puesto el mismo precio que a la de su marido, diez mil pesos, trajo al mundo su quinto vástago, una mujercita a quien pusieron el nombre de Luisa y que sería su compañía hasta el fin de sus días. Momentos después del alumbramiento, con la placenta a medio expulsar, tuvieron que abandonar el pueblo ante la amenazante presencia del enemigo.

El 5 de mayo de 1816 doña Juana Azurduy de Padilla alcanzó la gloria: al frente de 30 fusileros criollos y 200 indios armados de hondas, palos y flechas venció a los españoles en la batalla de "El Villar", siendo premiada por el gobierno de Buenos Aires con el grado de "Teniente Coronela".

Pero no fue ella la única mujer que arriesgó su vida en aquellas sangrientas jornadas. Haremos justicia con una dama de la alta sociedad salteña, doña María Loreto Sánchez de Peón, quien cumplió tareas que hoy llamaríamos de "inteligencia", necesarias para la causa patriota.

Para ello, simulando ser una vendedora callejera de pan, masas y alfajores, por ella misma preparados, se deslizaba en los patios de los cuarteles realistas y, ofreciendo sus productos, aguardaba el momento del pase de lista.

"Como la mayor parte de las mujeres de su tiempo, era doña María Loreto poco fuerte en el arte de contar, pero ella, para no equivocarse, echó mano de un expediente muy ingenioso.

"Llevaba en la cesta que usaba para sus ventas una buena cantidad de granos de maíz y atadas a ambos lados de la cintura dos bolsas vacías. Cuando el soldado cuyo nombre se gritaba respondía 'presente', la fingida vendedora deslizaba un grano en el bolsillo de la derecha; haciendo lo propio en el de la izquierda cuando se escuchaba 'ausente'.

"Concluida la lista continuaba acurrucada en su rincón con la canasta depositada en el suelo, ofreciendo a los soldados de la causa del Rey, insinuante y humilde, el pan y las masas, contestando con chanzas y donaire las bromas de unos y las groserías de no pocos. Al fin, haciendo que le dolía dejar el puesto sin haber vendido todas sus vituallas, abandonaba el patio compelida por las rudas insinuaciones de algún avinagrado sargento de pésimo genio.

"Volvía a su casa ya entrada la noche, disimuladamente y esquivando testigos inoportunos, para vaciar las bolsas atadas a su aristocrático talle y transmitir a Güemes, después de bien contados los granos de maíz, el número exacto de los enemigos a quienes debía combatir" (13).

6. BORRACHERAS Y CONCUBINAS

José María Paz, militar honesto y riguroso, refiere amargamente los sucesos posteriores a la única acción feliz del ejército que comandaba Rondeau: la victoria del Puesto del Marqués.

"Nunca he visto, ni espero ver, un cuadro más chocante, ni una borrachera más completa. Los licores abundaban, y el frío y la fatiga de la noche antes, las excitaciones de todo género convidaban al abuso, que se hizo del modo más cumplido. Debo hacer justicia a los oficiales, pues, con pocas excepciones, no se vieron excesos en ellos.

"En las inmediaciones de La Quiaca, a tres o cuatro leguas del Puesto del Marqués, había otro cuerpo enemigo cuyo número no sabíamos y que no hizo sino presentarse en las alturas, para servir de apoyo y reunión a los fugitivos. Es probable que si doscientos hombres nos hubiesen atacado en aquellas circunstancias, nos habrían derrotado completamente. Parecíamos más una toldería de salvajes que un campo militar.

"Dispénseme la acritud con que me expreso, porque ese día ha sido uno de los más crueles de mi vida. Veía en perspectiva todos los desastres que luego sufrió nuestro ejército, y las desgracias que iban de nuevo a afligir a nuestra patria. Era yo joven, era un simple capitán, y el interés que tomaba en el éxito de la guerra y de la gloria de nuestras armas, era una pasión ardiente que me agitaba. (...) El servicio se relevaba por las tardes y a la hora de la lista reclamé con exigencia que fuese otra compañía a mudar a la mía, pero aún a esa hora los vapores alcohólicos no se habían enteramente disipado y no se podía confiar en unos hombres que con trabajo se sostenían en pie."

Semanas más tarde los oscuros presagios se confirmarían: la derrota de Venta y Media, el 21 de octubre de 1815 y la huida posterior.

"Muchos jefes que con el mayor escándalo llevaron concubinas, tuvieron también que hacerlas adelantar con los bagajes; de modo que se vio el estrecho camino que seguíamos atrabancado de enfermos, de carga, de equipaje y de mujeres de distintos rangos (permítaseme la expresión) a quienes servían y acompañaban escogidas partidas y soldados. La primera parada, después que salimos de Chayanta, fue en un lugarejo miserable donde apenas había dos o tres ranchos que estaban, cuando llegué, atestados de gentes y cuando pedí víveres y forrajes para mis cabalgaduras, me contestó el indio encargado de suministrarlos que no los había, porque todo lo habían tomado los soldados que traía la coronela tal, la teniente coronela cual, etc. Efectivamente vi a una de estas prostitutas, que además de traer un tren que podía convenir a una marquesa, era servida y escoltada por todos los gastadores de un regimiento de dos batallones, y las demás, poco más o menos, gozaban de los mismos privilegios. Esto sucedía mientras los heridos y enfermos caminaban, los más a pie, en un abandono difícil de explicar y de comprender" (79).

7. "CARGUE CON ESA CRUZ"

El Triunvirato designa a San Martín el 3 de diciembre de 1813 como 2º Comandante del Ejército del Norte, aunque es evidente que sus instrucciones son las de relevar a Belgrano.

La noticia de la derrota de Ayohúma pocos días después de la de Vilcapugio, había provocado gran consternación en Buenos Aires. Se decidió entonces que el mando de lo que quedaba de dichas tropas debía ser asumido por un militar de experiencia. San Martín, con su habitual delicadeza y por su respeto hacia Belgrano, insistió y obtuvo un decreto que suavizara las cosas.

Esta actitud continuó en Yatasto cuando don José se presentó ante don Manuel en calidad de subordinado haciendo que sus tropas compuestas por 700 infantes, 250 granaderos a caballo y 100 artilleros rindieran honores a Belgrano como su Comandante.

"Crea que nos compromete mucho la conservación de Belgrano", le escribió Rodríguez Peña el 27 de diciembre urgiéndolo a hacerse cargo de las tropas. También Gervasio Posadas lo instaba el 10 de enero a que "cargase con esa cruz".

Por fin don José obedece y escribe: "Me encargo de un ejército que ha apurado sus sacrificios en el espacio de cuatro años, que ha perdido su fuerza física y apenas conserva la moral".

A Manuel no le había resultado fácil su relevo, tanto que el 13 de enero de 1814 comunicó al gobierno que había recibido los "auxilios" conducidos por el coronel San Martín, y que, encontrándose enfermo, había hecho que éste marchase a Tucumán, reconociéndolo como segundo Jefe del Ejército y que como tal "se hiciera conocer, obedecer y respetar".

Pero esta negación no pudo sostenerse mucho tiempo: apenas cinco días después, el 18 de enero, recibe la comunicación de Buenos Aires relevándolo.

Belgrano depone su ofensa y en cambio responde con hidalguía:

"Al instante que tuve la satisfacción de leer el oficio de V.E. el cual se ha dignado a avisarme haber conferido el mando de General en Jefe al Coronel de Granaderos a caballo don José de San Martín, permaneciendo yo a sus órdenes a la cabeza del Regimiento Nº 1, le di a reconocer la orden del día y en consecuencia fui a rendirle los respetos debidos a su carácter".

Fue para levantar el espíritu alicaído del ejército del Norte, que la primera medida del nuevo Jefe fue una necesaria malversación. Echó mano a 36.000 pesos en plata y oro que habían sido saqueados por Belgrano de los tesoros potosinos y ya ingresados a la Tesorería General y con ellos, saltándose todo procedimiento administrativo, pagó servicios y salarios muy atrasados. "Tengo a mi frente los tristes fragmentos de un ejército derrotado —respondió San Martín cuando desde Buenos Aires se le pidieron explicaciones—, un hospital sin medicinas, sin instrumentos, sin ropas, que presenta el espectáculo de hombres tirados por el suelo que no pueden ser atendidos del modo que reclama la humanidad y sus propios méritos. Además, mil clamores por sueldos devengados."

Entre severo y complaciente le escribiría Posadas el 10 de marzo: "Si con el obedecimiento se exponía Usted a quedar en apuros, con el no cumplimiento he quedado yo aquí como un cochino".

Don José hizo retroceder sus derrengadas tropas hasta Tucumán, donde erigió un fortificado cuartel general al que se denominó "La Ciudadela". Allí se propuso instruir a las inexpertas tropas e infundirles ánimo; también disciplinarlos y adiestrar a los oficiales mientras esperaba los refuerzos que con tanta insistencia había solicitado a Buenos Aires. A los cursos en los que él enseñaba los rudimentos de la táctica y estrategia militar también concurría Belgrano, ahora reducido a jefe de regimiento.

Cierta vez, San Martín enseñaba las voces de mando y Belgrano, personalidad suave e introvertida, las repetía con voz demasiado débil. Dorrego, haciendo gala de virilidad, se mofó de don Manuel ridiculizando su voz y sus maneras. Don José, furioso, golpeó la gruesa tabla de la mesa con un pesado candelabro de bronce y amonestó con severidad a Dorrego, confinándolo arrestado en Santiago del Estero. Esto a pesar del gran afecto y respeto que sentía San Martín por quien muy pronto sería su jefe de vanguardia.

Es que con tropas como ésas, San Martín sabía que no podía permitirse flaquezas en la disciplina. Fue severo también con Lamadrid, quien se explayó en algunas observaciones y comentarios luego de que San Martín le ordenase presentarse con un piquete de 25 hombres con el fin de poner a prueba sus condiciones. Lamadrid continuaba hablando cuando San Martín extrajo su reloj de un bolsillo y dijo, secamente: "Han pasado dos minutos desde que di la orden y usted todavía no ha obedecido".

Las tropas de Buenos Aires que San Martín esperaba en "La Ciudadela" nunca llegarían. Es que su archienemigo masónico Carlos María de Alvear dominaba la política porteña. El mismo que cuando el futuro Libertador abandonaba Buenos Aires al frente de sus tropas comentó, en presencia de Monteagudo: "Ya cayó el hombre..." (19, 33, 38, 95).

8. BLASFEMIAS, MISAS NEGRAS Y GUERRA SANTA

Las ideas de la Revolución Francesa habían prendido en algunos de los hombres de Mayo con una fuerte inclinación antirreligiosa. Como si los errores militares de la primera expedición rioplatense al Alto Perú (que culminaron en la derrota de Huaqui) no hubiesen sido suficientes, se agregaron desplantes anticlericales que hirieron la sensibilidad hondamente católica de godos, criollos e indios.

Monteagudo, secretario de Castelli y de ideas marcadamente radicalizadas, llegó a predicar de manera blasfema desde el púlpito de la iglesia de Laja, próxima a La Paz, donde también, según mentas, se habían oficiado por "diversión y espíritu volteriano" misas sacrílegas.

"¿Cómo retribuyó Castelli esta adhesión y activo trabajo del clero y de los pueblos que arrastrados por el ejemplo de sus pastores se plegaban a la revolución? Vergüenza nos da decirlo que, al fin, somos argentinos: de la manera más impolítica e innoble que imaginarse pueda. Escandalizó a la sociedad con sus orgías y crápulas y provocó la indignación general, escarneciendo el sentimiento religioso, tan arraigado en aquellas comarcas, sin distinción de clases ni de jerarquías" (74).

A esto cabe agregar que la entrada de las tropas en La Paz se hizo, quizás inadvertidamente, un Viernes Santo de 1811, lo que tornó irreverente y blasfemo el bullicio y la algazara de tropas, equinos y cañones.

Corrieron rumores también de profanaciones en la iglesia de Viacha y mentas de que algunos oficiales porteños, pasados de alcohol, nada menos que en la muy católica

Charcas, habrían arrancado y arrastrado una cruz por el suelo en son de burla hasta la Plaza Mayor.

Estos hechos, verídicos o agigantados por la propaganda española, fueron bien aprovechados por el hábil general realista Goyeneche, quien tuvo algún éxito en transformar la guerra altoperuana en una "Guerra Santa", en una lucha entre cristianos y herejes.

Tanto fue así, que después de la retirada de Castelli no quiso ir a alojarse al Palacio de la Presidencia, que éste había habitado en Potosí, sin que fuese antes purificado con exorcismos y preces; los "arribeños" fueron entonces azorados testigos de una pomposa procesión en que los sacerdotes lucieron ornamentos sagrados, incensarios, hachas encendidas y abundante provisión de agua bendita, y sólo cuando después de una larga y edificante ceremonia se creyeron expelidos los malos espíritus esparcidos por los "abajeños", se consideró habitable el Palacio (38, 81, 85, 95).

9. GÜEMES BAJO LA LUPA

José María Paz, un magnífico militar de escuela, sentía hacia Güemes, un formidable jefe de la guerra irregular de partidarios, una confusa mezcla de admiración y desprecio:
"Este caudillo, este demagogo, este tribuno, este orador, carecía hasta cierto punto del órgano material de la voz, pues era tan gangoso, por faltarle la campanilla, que quien no estaba acostumbrado a su trato, sufría una sensación penosa al verlo esforzarse para hacerse entender. Sin embargo, tenía para los gauchos tal unción en sus palabras y una elocuencia tan persuasiva, que hubieran ido en derechura a hacerse matar para probarle su convencimiento y su adhesión.
"Era además Güemes relajado en sus costumbres y carente de valor personal, pues jamás se presentaba en el peligro. No obstante, era adorado de los gauchos, que no veían en su ídolo sino al representante de la ínfima clase, al protector y padre de los pobres, como lo llamaban, y también, porque es preciso decirlo, al patriota sincero y decidido por la independencia: porque Güemes lo era en alto grado. Él despreció las seductoras ofertas de los generales realistas, hizo una guerra porfiada, y al fin tuvo la gloria de morir por la causa de su elección, que era la de la América entera" (79).

10. ETIMOLOGÍA DE LA ARGENTINA

La pertenencia del Alto Perú al Virreinato del Río de la Plata dio el nombre a nuestra República.

Argento proviene del latín y significa "plata". De allí que lo de Argentina sin duda remite a las celebérrimas minas argentíferas altoperuanas, especialmente las de Potosí.

Lo de Río de la Plata se relaciona con el hecho de que era una de las vías predilectas para que quienes provenían de Europa alcanzasen dichas minas.

Es obvia, entonces, la sinonimia que perdura hasta nuestros días, entre "dinero" y "plata".

11. EL FRACASO "AUXILIAR"

Los ejércitos (llamados "auxiliares" por los arribeños) enviados por el Gobierno de Buenos Aires al Alto Perú fueron cuatro. El primero de ellos comandado militarmente por Balcarce, aunque su verdadero jefe fue Castelli; el segundo al mando de Belgrano; el tercero estuvo a cargo de Rondeau y el cuarto fue conducido por Aráoz de Lamadrid.

Todos ellos fracasaron en su intento de derrotar a los ejércitos limeños que defendían a España, poniendo en grave riesgo la independencia de las Provincias Unidas del Río de la Plata (23, 65).

12. MATAR A GÜEMES: MISIÓN CUMPLIDA

El general español Olañeta dispone que su lugarteniente, el "Barbarucho", que acampaba en Yavi con 300 hombres, marche hacia el sur en maniobra oculta y sigilosa, con el propósito de alcanzar en el menor tiempo posible la ciudad de Salta, sorprender a los patriotas y cumplir con el objetivo principal: asesinar a Martín Güemes, verdadera pesadilla goda.

Entre las medidas que adopta para encubrir esta operación, Olañeta levanta su propio campamento de Mojos sin dejar ninguna tropa, fingiendo retirarse en forma ostensible hacia Oruro, pero con la idea de retornar velozmente, en cuanto esta marcha hubiese engañado a los patriotas, para apoyar la "operación comando" del coronel Valdez, el "Barbarucho".

Todo se ejecuta según lo previsto y en su marcha hacia el sur, Valdez, en lugar de avanzar por la Quebrada, lo hace sin ser advertido por "el Despoblado" (actual ruta nacional Nº 40, que parte de la localidad de Abra Pampa, sigue por San Antonio de los Cobres para alcanzar el valle de Lerma al oeste de Salta), que como su nombre lo indica es desolado y deshabitado, también áspero y lleno de dificultades por la falta de agua y víveres.

El "Barbarucho" era un español que, como Olañeta, de comerciante que había sido en el tráfico de mulas y mercaderías con el Perú, había pasado a ser un bravo oficial en el Ejército del Rey, para sostener la autoridad española contra la Revolución.

Según era fama, se había hecho experto en contrabando, practicándolo ventajosamente por los senderos extraviados de las serranías que corren por el poniente de las ciudades de Salta y Jujuy. Este ejercicio lo había convertido en un baqueano experto, ladino y audaz, condiciones venidas a pelo para llevar a buen puerto la riesgosa y, desde todo punto de vista, trascendental "operación comando" que se le había confiado.

"Tan brusco era, tan fogoso y tan bárbaro, que muchas veces, después de cometidas sus torpezas, se arrepentía de ellas; y se lo oía exclamar entonces, con la misma dura franqueza que correspondía a sus ímpetus mal educados: '¡Qué barbarucho soy!', quedándole así para siempre como apodo esta calificación apropiadísima, que él mismo se la daba" (32).

Valdez, ayudado por indios baqueanos y algunos salteños enemistados con el jefe gaucho, cruza la altoplanicie de "el Despoblado" y se embosca, el 7 de junio de 1821, en la serranía de los Yacones (20 km al NNO aproximadamente de Salta) con unos 400 hombres de infantería. Luego, al oscurecer, desciende sin ser advertido al valle para alcanzar a la medianoche el campo de la Cruz, sin tropezar con guardias ya que ese flanco es considerado inaccesible.

Allí divide sus fuerzas en partidas a cargo de buenos conocedores de la ciudad y ordena que las mismas se dirijan a rodear la manzana de la casa de Güemes, lo que se realiza sin mayores tropiezos.

Uno de los colaboradores del jefe patriota, que ha estado reunido en su casa y atraviesa la plaza, se topa con una de las patrullas del "Barbarucho", y es muerto de un disparo. Güemes escucha la detonación y sale solo a la oscuridad cerrada de la noche, convencido de que se trata de algún disturbio aislado, provocado por la anarquía del campo patriota, sin imaginar que los realistas se habían desplegado ya por toda la ciudad.

Al darse cuenta de lo que realmente sucedía, se lamenta de haberse aventurado sin escolta y pretende huir a la carrera por una calle lateral, pero cae en una encerrona y es herido, según es tradición, por una descarga en el trasero.

Batiéndose con su proverbial bravura logra subir a un

caballo y se dirige al río Arias, donde es transportado en camilla hasta la hacienda de la Cruz, para desde allí continuar su fuga hasta El Chamical, donde fallece, pese a los cuidados de su médico, el 17 de junio de 1821.

Valdez, el "Barbarucho", el 8 de junio, con su habitual audacia y temeridad, luego del exitoso atentado contra Güemes, había resuelto ocupar la ciudad ante el desconcierto y la sorpresa de los desprevenidos patriotas. Son apresados los principales jefes, unos 35 oficiales, así como armas y pertrechos. Algunos serán pasados por las armas y otros canjeados más tarde por prisioneros españoles capturados por Gorriti, en Yala (3, 19, 24, 32, 47, 65, 79).

13. "DESEAMOS PERTENECER A LA GRAN BRETAÑA"

Antes de iniciar su marcha desde Otavi, para reunirse con Manuel Ascencio Padilla y Juana Azurduy, el jefe patriota Umaña dirigió una proclama a los habitantes del valle de Cinti, llamándolos a las armas.

"¿Hasta cuándo amaréis la servidumbre y propenderéis gustosos a vivir bajo el yugo de la esclavitud? Despertad ya de este letargo para conocer las ventajas que os proporciona el sagrado orden de nuestra causa (...) Espero vuestra contestación para ponerme en marcha; pues si antes me vi débil y no lo pude hacer, hoy estoy más que repuesto con las dos acciones que ya sabéis se han decidido a mi favor en los pueblos de Otavi y Belén, donde tropezando con multitud de cadáveres tuve la satisfacción de arrollar las fuerzas que se hallaban al comando del inhumano Jáuregui, tomando más de doscientos fusiles, con los que os auxiliaré si acaso me llamáis".

Simultáneamente, con diferencia de pocos días, Alvear escribía al canciller inglés, Lord Castlereagh: "Estas Provincias desean pertenecer a la Gran Bretaña, recibir sus leyes, obedecer a su Gobierno y vivir bajo su influjo poderoso. Ellas se abandonan sin condición alguna a la generosidad y buena fe del pueblo inglés, y yo estoy dispuesto a sostener tan justa solicitud para librarlas de los males que las afligen. Es necesario que se aprovechen los momentos. Que vengan tropas que impongan a los genios díscolos, y un jefe autorizado que empiece a dar al país las formas que sean del beneplácito del Rey y de la Nación, a cuyos efectos espero que V.E. me dará sus avisos con la reserva y prontitud que conviene para preparar oportunamente la ejecución" (23, 96).

¿En cuál de nuestros libros escolares de Historia se menciona a Vicente Umaña...?

14. CHUQUISACA, EL FERMENTO REVOLUCIONARIO

Si hablamos del Alto Perú y su importancia en la libertad e independencia de nuestra patria, es mención obligada ocuparnos de la Universidad de Chuquisaca (Charcas), llamada de San Francisco Xavier, donde se formaron algunos de los hombres que provocaron y protagonizaron nuestros hechos de Mayo.

Fue creada en 1624 y fue regida por los jesuitas hasta el año de su expulsión, en 1767. En los territorios del Virreinato del Río de la Plata había otra universidad aun más antigua, la de Córdoba, pero su importancia era menor por cuanto en ella sólo se enseñaban disciplinas que tenían que ver con la Teología y las Artes, mientras que en la de Chuquisaca se inauguró la Facultad de Leyes, que era la que más atraía a los estudiantes del Río de la Plata y del Alto Perú.

La universidad charquiña gozaba de gran influencia por cuanto también en Chuquisaca estaban la Real Audiencia y el Arzobispado. A este último se subordinaban los obispados de La Paz, Santa Cruz, Cochabamba, Asunción, Tucumán y Buenos Aires, mientras que la jurisdicción de la Real Audiencia se extendía de océano a océano, desde el desierto de Atacama hasta el estuario del Plata.

En sus claustros universitarios estudiaron Moreno, Monteagudo, Paso, Castelli, por nombrar sólo algunas de las decenas de personalidades que han inscrito sus nombres en nuestra historia. Sus ideas libertarias, que abrazaron con entusiasmo, estaban influenciadas por los neoescolásticos hispánicos como Victoria, Mariana, Soto, Molina, Valle, De la

Peña, Carranza, Covarrubias, Eliscueta, etc., y fundamentalmente por el jesuita Francisco Suárez. Éste sostuvo una famosa y muy influyente polémica en su época con el Rey de Escocia e Inglaterra Jacobo I, quien en un escrito sostenía que el poder de los reyes era una delegación divina y que por lo tanto no debían responder de sus actos ante sus súbditos sino solamente ante Dios. La conclusión práctica de tal doctrina era la inexistencia del derecho de cuestionar el poder de los monarcas por más tiránico o inepto que fuese su comportamiento.

Suárez, quien a comienzos del siglo XVII era profesor en las universidades de Salamanca y Coimbra, enseñó que el poder no pasa de Dios a gobernantes si no es por intermedio del pueblo. Es éste quien, siendo depositario del poder, lo entrega o transmite a los hombres que han de gobernar al Estado en una suerte de "contrato" que establece que si esos gobernantes no cumplen su función de ser gerentes del bien común y se transforman en tiranos, el pueblo tiene derecho a levantarse en contra de ellos para deponerlos, y de reasumir el poder para darlo a otros gobernantes capaces de cumplir su función acertadamente.

Estas ideas que hoy pueden parecernos ingenuas o elementales, pero que en aquellos tiempos de absolutismo significaban un germen peligrosamente insurreccional, fueron las que determinaron que un rey de la familia de los Borbones, Carlos III, decidiera la expulsión de los jesuitas de tierras americanas.

Cuando Saavedra le niega su apoyo al virrey Cisneros y deja claro que el movimiento libertario es inevitable, utiliza un argumento marcadamente suareciano: "Y no quede duda a V.E. que el pueblo es el que confiere la autoridad o mando".

En los decenios finales del siglo XVIII el pensamiento ilustrado va penetrando con fuerza irresistible en las aulas de Chuquisaca, tanto en su versión hispana, según la mentalidad de un Feijó o un Jovellanos, como en su procedencia francesa, en el que predomina el criticismo racionalista, en especial Diderot y Rousseau.

Cuenta Moreno que los alumnos tenían sus juntas secretas a las que concurría un grupo de iniciados que "fraternizaban entre sí con el vínculo de la más perfecta unidad de ideas y sentimientos contra la metrópoli".

A los argentinos que ya hemos citado anteriormente se agregaban los altoperuanos Zudáñes, Michel, Lemoine, Mercado y otros, entre los cuales se cuentan las principales figuras de la sublevación del 25 de mayo de 1809, justo, y no casualmente en Chuquisaca.

Recordemos que fue Moreno quien hizo editar el *Contrato social* de Rousseau por primera vez en Buenos Aires, en 1810. En su prólogo lo califica como "libro inmortal que ha debido producir a su autor el justo título de Legislador de las Naciones". A su juicio, evidenciando que los argumentos del jesuita Suárez abrieron el camino a los pensadores franceses, señaló también Moreno, que gracias a Rousseau, "los pueblos han aprendido a buscar en el pacto social la raíz y único origen de la obediencia" (2, 10, 101).

15. LA POESÍA EN LA TRAGEDIA

Uno de los personajes más fascinantes de nuestra guerra de la independencia en el Alto Perú fue el joven indio Juan Huallparrimachi. Era éste un joven de muy bella y gallarda apostura, poco más que un adolescente, quien se incorporó a las huestes de Manuel Padilla y Juana Azurduy al mando de un regimiento de honderos indígenas, quienes con el avezado uso de la "huaraka" rindieron servicios muy útiles a la causa patriota.

Huallparrimachi parece haber tenido una genealogía extraordinaria puesto que era, según todos los indicios, hijo natural de Francisco de Paula Sanz, noble aristócrata potosino, que se decía a su vez hijo ilegítimo del Rey de España. Gobernador durante varios años y personalidad respetable de la rica ciudad minera, fue fusilado por Castelli cuando el primer ejército auxiliar argentino incursionó en el Alto Perú.

Como si estos antecedentes no fueran suficientes, Juana Azurduy insistió con vehemencia hasta el fin de sus años que la madre del joven cholo era a su vez descendiente directa del inca Huáscar.

Era quizás inevitable que de esta mezcla de sangres reales, indígenas, nobles e ilegítimas no pudiera sino salir un espécimen extraordinariamente original. Huallparrimachi fue un ser enigmático, heroico y a la vez romántico.

Su asombroso coraje durante los durísimos encuentros con el enemigo había echado fama en una vasta región. Era también un avezado baqueano, lo que le permitía indicar sendas inesperadas entre las montañas que favorecían la estrategia guerrillera de huir y esconderse para luego repetir los ataques sorpresivos y devastadores.

Se contaba que cierta vez que Manuel Ascencio Padilla había caído prisionero de los realistas, y estaba en capilla para ser arcabuceado y cuando su vida ya no valía ni un centavo, el joven indio, junto con Juana Azurduy, al favor de las sombras de la noche y desarrollando una inteligentísima estratagema, lograron rescatarlo.

Cuando se daba la orden de atacar, Huallparrimachi siempre iba por delante, dando el ejemplo con los dientes apretados, taloneando rabiosamente su caballo, con su honda girando letalmente por encima de las cabezas. Era alto, fuerte y musculoso y en los entreveros cuerpo a cuerpo era temiblemente eficaz, uniendo su alarido al aterrorizante japapeo de los quechuas y aimaras en guerra.

Pero por sobre todas las cosas el joven quechua era un poeta.

"Irpillarajmin, urpiy carckanqui
Maypachan ñocka
Intihuan jina ñausayarckani
Ckahuaycususpa".
Pichoncita eras aún, paloma mía,
cuando, como el sol
me deslumbraste.
"Ñahuiyquicuna ppallallaj ckoillor
Llippipipispa
Laccaytutapi, hillapa jina
Musppachihuancu".
Tus ojos, titilando cual estrellas
en la noche oscura
fueron el relámpago
que me hicieron delirar."

Entre la muerte, la desdicha, el terror, surgían versos platónicos y románticos que Huallparrimachi dedicaba a una enamorada anónima que es de sospechar fuese la mismísima doña Juana. Ésta, que según quienes la conocieron jamás hubiese osado serle infiel a Padilla, apreciaba y escuchaba con atención las composiciones en quechua del joven indio, que solía musicalizarlas con su quena.

"Ña, ñockapajka, inti tutayan
Yuyay chincajtin,
Musppa purejtij mananampipis
¡Alau! nihuancu".
Ya para mí el sol no brilla.
Ando loco y delirante,
y nadie me conoce, ni saluda
diciéndome: ¡Hola!
"Ancay lijranta mañaricuspa
Llantumusckayqui.
Hayrahuan ppahuanayayman
Huayllucusunaypaj".
Prestándome alas del cóndor
te haré sombra.
Con el volar del viento
te acariciaré.
"Causayninchajta quipuycurckanchej
Manam Huañuypis
Ttacahuasunchu, Huiñay-Huiñaypaj
Ujllamin casun".
Nuestras vidas enlazamos
y ni la muerte
nos separará. En la eternidad
Uno solo seremos".

El indiecito, casi seguramente nieto de rey y descendiente directo de inca, murió como se moría entonces, como no podía dejar de morirse en esa tierra inhóspita infestada de odio y de paludismo, de venganzas y de penurias, tan intensos como blanca era la nieve del Illimani y como azul era el cielo de los inviernos, como casi inevitable era que muriesen las almas nobles adornadas de coraje y de sensibilidad. El 2 de agosto de 1814, en el cerro de las Carretas, murió con el pecho destrozado por un lanzazo. La idealizante tradición, quizá la verosímil historia, dice que fue por evitar que esa misma lanza hiriera a doña Juana, quien se batía desesperadamente contra la partida realista que los había sorprendido en medio de la noche.

"Huañuyta maskaj, ñocka riscani
Auckanchejcuna
Jamullanckancu, pucrancura
Jalatatajmin".
Voy en busca de la muerte.
Nuestros enemigos
ya vendrán
levantando sus campamentos.
"Illarejpacha pputiy ayckechej
Maypipis casaj
Ckanlla sonckoyta pparackechinqui
Causanaycama".
Mientras te encuentres en este mundo
harás huir la pena, y donde
me encuentre, tú sola harás
latir mi corazón.
"Misti ckkajajtin lansatataspa,
yuyaricunqui
Mayjinatachus ckanraycu kkajan
Ijma sonckoycka".
Cuando arda el Misti, vomitando
fuego, te has de acordar
cómo para ti arde
mi corazón oprimido (49).

16. LAS SOCIEDADES SECRETAS

Un capítulo todavía envuelto en brumas es el del papel que jugaron las logias en la lucha de la independencia.

Francisco de Miranda, el venezolano "Precursor de la Independencia Americana", como le gustaba autodenominarse, fue Gran Maestre de la "Logia Americana", que sesionaba en su propio domicilio, en Londres, bajo los principios de la independencia de América con un régimen republicano. Fueron iniciados en ella Simón Bolívar y José de San Martín, al igual que Zapiola y Alvear de la Argentina; O'Higgins y Carrera, de Chile; Montufar y Rocafuerte, de Ecuador; Valle, de Guatemala; Nariño, de Colombia.

San Martín, Alvear y sus compañeros de viaje en la "George Canning" crearon en Buenos Aires la logia Lautaro, entidad secreta a semejanza de la de Londres, con el propósito de ejercer una influencia decisiva en los medios militares y políticos.

Poco se sabe de dicha logia, cuyo funcionamiento quedó oculto por juramentos que obligaron, por lo menos, al honor de sus componentes. Salvo aquello filtrado en alguna correspondencia imprudente de Rodríguez Peña y las listas de una parte de sus integrantes y la aclaración sobre sus finalidades que haría —bastante tiempo después— el ya anciano general Zapiola al hábil Mitre.

Se sabe positivamente que fue establecida en Buenos Aires entre mayo y junio de 1812, que funcionó en domicilios privados que variaban según lo exigiera el recato de sus tenidas, y que había cinco grados en sus componentes; en los primeros, los neófitos eran iniciados en los principios de fraternidad y mutua cooperación; en los superiores se les advertía de las finalidades políticas —independencia y Constitución— que debían cumplirse; en el último, de obedecer a sus matrices extranjeras.

Por la regla de la logia, los hermanos elegidos para una función militar, administrativa o de gobierno debían asesorarse por el Consejo Supremo en las resoluciones de gravedad, y no designar jefes militares, gobernadores de provincia, diplomáticos, jueces, dignidades eclesiásticas, ni firmar ascensos en el ejército y marina sin previa anuencia de los Venerables del último grado, que serían así el verdadero gobierno del país. Tanto más fuerte y temible cuanto era oculto. Era la ley primera "ayudarse mutuamente, sostener la logia aun a riesgo de la vida, dar cuenta a los Venerables de todo lo importante, y acatar sumisamente las órdenes impartidas". Un juez o jefe militar no podía castigar a un "hermano" sin aprobación de los Venerables. La revelación de los secretos, aun de los nimios, estaba custodiada por tremendos castigos que llegaban a "la pena de muerte por cualquier medio que se pudiera disponer". En caso de contrariar a la logia, la persecución y el desprecio de los hermanos lo seguirían en los menores actos de su vida en absoluto e inexorable boicot. Si quería librarse de esta persecución y al mismo tiempo alejarse de la logia, el solo remedio era "dormirse" —en términos masónicos—; quedaba, de esta manera, desligado del voto de obediencia pero no de los de silencio y fraternidad.

San Martín, Alvear, Zapiola y, posiblemente, todos los viajeros de la "George Canning" eran masones, según investigadores de fuste, y fueron captados hallándose en España, aunque para iniciarse se desplazaron a Londres. Las logias proliferaban en el ejército, y un joven sin parientes ni relaciones tendía a "iniciarse" para salvar obstáculos y encontrar apoyos.

Muchas de las oscuras e inexplicables decisiones que perturbaron nuestra guerra de la Independencia en el Alto Perú, sobre todo cuando Posadas y su sobrino Alvear dominaron políticamente en Buenos Aires (por ejemplo la designación de jefes y oficiales ineptos), se debieron a leyes masónicas.

Según las infidencias de Zapiola a Mitre, se "iniciaron"

el canónigo Valentín Gómez, Gervasio Antonio Posadas, Juan y Ramón Larrea, Vieytes, Nicolás Rodríguez Peña, Nicolás Herrera, Monteagudo, Agrelo, el presbítero Vidal, Azcuénaga, Monasterio, Tomás Antonio Valle, el padre Argerich, el padre Amenábar, el padre Fonseca, Tomás Guido, Manuel José García, el padre Anchoris, Perdriel, los militares Murguiondo, Ventura Vásquez, Zufriátegui, Dorrego, Pinto, Antonio y Juan Ramón Balcarce, etc., que formaron el grupo mayoritario alvearista, mientras el núcleo leal a San Martín quedó limitado al mismo Zapiola, Agustín Donado, Álvarez Jonte, Toribio Luzuriaga, Vicente López, Manuel Moreno, Ramón Rojas, Ugarteche, Lezica, Pinto y pocos más. Sin decidirse quedaron Tagle, Carballo, Núñez y otros (65, 67).

17. UNA PÉRDIDA INEXPLICABLE

En los valles y en las selvas del Alto Perú, en sus desiertos y en sus cumbres nevadas se desarrollaron gran parte de las acciones bélicas de nuestra independencia, ya que en tierras altoperuanas chocaban las tropas realistas que bajaban desde Lima y las tropas revolucionarias que subían desde el Río de la Plata. En sus territorios dejaron su vida muchos argentinos en la lucha por nuestra libertad.

Una de las grandes incógnitas de nuestra historia es dilucidar cuáles fueron las razones por las cuales el gobierno argentino dejó perder territorios de casi 2.000.000 km^2 que le pertenecían no sólo por la histórica integridad virreinal sino también, como ya lo hemos señalado, por los derechos generados por el sacrificio de tantos compatriotas que lucharon bravamente por la libertad de esas tierras.

Imaginemos el aporte que hoy significarían a nuestra riqueza nacional los recursos gasíferos, petroleros y energéticos de la actual Bolivia, así como también la exuberancia de sus cultivos tropicales, de sus fértiles llanuras cerealeras, de su inmensa capacidad maderera, etcétera.

La lealtad al gobierno del Río de la Plata se manifestaba no sólo en los caudillos, cuya divisa fue, y siguió siendo hasta el final, la bandera azul y blanca, sino también en la población altoperuana. Tanto era así que el feroz general realista Tacón, que asoló Chuquisaca, castigaba cruelmente, como grave delito, a las mujeres que mostraban algo celeste en su vestimenta.

Sirva también reproducir un párrafo del "Diario" del virrey Pezuela en el que relata el alborozo provocado por la caída de Montevideo (21 de julio de 1814): "En La Paz todos los habitantes y hasta los pocos indios que hasta entonces se habían mantenido refugiados en sus alturas por no tomar parte, bajaron a sus pueblos y se nos declararon enemigos, así como un considerable número de cholos y mestizos de todos los demás, hasta entonces indecisos, que convinieron la mayor esperanza a favor de los insurgentes de Buenos Aires".

Es el Mariscal de Ayacucho, Antonio José de Sucre, terminadas ya las guerras libertadoras, quien en el Decreto del 9 de febrero de 1825 convoca a una asamblea de representantes de las provincias del Alto Perú para que deliberasen sobre su suerte, gesto con el que se inicia el proceso de separación del Río de la Plata.

Sucre sentía una gran admiración y dependencia por Simón Bolívar y todos sus movimientos tenían esa referencia. Cuando éste se entera de sus planes independentistas para el Alto Perú, le responde airadamente que esos territorios no deben ser desgajados del Río de la Plata. Bolívar era así muy coherente con su convicción de evitar el fraccionamiento continental y tender a la unión de los antiguos virreinatos, audiencias y capitanías.

El Gobierno de Buenos Aires recibe una extensa carta de Sucre donde caballerescamente informa de sus pasos: "El general Olañeta, negándose a su reunión con nosotros, ha persistido en sostener la causa del Rey, y nos hemos visto obligados a pasar el Desaguadero y emplear la fuerza para destruirlo y arrancarle el país. Libertada la mayor parte de este territorio, y sin un gobierno propio que se encargue de su dirección, en circunstancias en que las Provincias Argentinas no han organizado aún su gobierno actual, y en que el Perú nada dispone respecto de estos pueblos, he creído de mi deber como americano y como soldado, convocar una asamblea de estas provincias que arreglando un gobierno puramente provisorio, evite las fracciones, los partidos y la anarquía, y conserve el territorio en el mejor orden".

El 9 de mayo de 1825 el Congreso argentino responde a la carta de Sucre señalando, increíblemente, que "es voluntad del Congreso General y Constituyente que las provincias del Alto Perú queden en plena libertad para disponer de su suerte, según crean convenir mejor a sus intereses y a su felicidad".

Si Buenos Aires acepta y quizá fomenta la segregación altoperuana sin mayores resistencias ni reacciones, es por obra de la predominante burguesía portuaria, que dirige sus intereses hacia el comercio con el exterior, dando la espalda al interior y favoreciendo la disgregación (también de la Banda Oriental) del territorio delineado por los decretos virreinales de 1776. A pesar de que por entonces las antiguas intendencias de Charcas (o Alto Perú) sobrepasaban el millón de habitantes, mientras que las provincias que conformarían nuestro país sólo tenían la mitad.

Sucre, ni lento ni perezoso, hizo conocer a Bolívar esta asombrosa abdicación, pero éste no cejó en sus argumentos en contra de la segregación del Alto Perú de los territorios del Río de la Plata.

"Ni Usted ni yo ni el Congreso mismo del Perú ni de Colombia, podemos romper y violar la base del derecho público que tenemos reconocido en América. Esta base es que los gobiernos republicanos se fundan entre los límites de los antiguos virreinatos, capitanías generales o presidencias como la de Chile. El Alto Perú es una dependencia del Virreinato de Buenos Aires, dependencia inmediata como la de Quito de Santa Fe."

Dícese que finalmente Sucre logró torcer la voluntad de Bolívar con un hábil e irresistible argumento: poner su nombre a la nueva Nación, que pasó a llamarse República Bolívar, y algunos años más tarde, República de Bolivia (11, 28, 31, 35, 42, 57, 62, 70, 83, 84, 91, 101, 107).

18. LA PAREJA INDÓMITA

Doña Juana Azurduy fue confinada con sus cuatro hijos, bajo estricta vigilancia, para emboscar al esposo rebelde a quien sabían amantísimo de su familia; pero una noche Manuel Padilla, burlando a los guardianes, logra rescatarlos y trasladarlos hasta una casucha escondida entre las sierras de La Laguna, la que durante los cinco años en que lograron sostener su lucha desigual, se convirtió en refugio. Desde este lugar el guerrillero se desplazaba con sus hombres para caer sobre las huestes españolas, flanqueado por doña Juana que se había incorporado a la "guerra de partidarios" como una caudillo más.

La lealtad de Padilla a Buenos Aires fue permanente a pesar de experiencias desafortunadas desde el mismo principio, cuando se apersonó en Tiahuanacu ante Balcarce al frente de sus hombres para ofrecerle su apoyo. Como respuesta fue despojado del mando de su contingente, que quedó incorporado al ejército regular, mientras él era relegado a un puesto subalterno. No le fue mejor más tarde con Belgrano, pues al mando de sus indios acudió a Vilcapugio para unirse a su ejército; pero no entraron en combate: se los destinó erróneamente a conducir la artillería por los riscos de la montaña, a pesar del eficaz valor que ya habían demostrado, siendo impotentes espectadores de la derrota.

En las pampas de Yamparáez, Manuel Ascencio Padilla traba amistad con el indómito cacique Cumbay, caudillo de los pueblos orientales de Santa Cruz, que había acudido a Potosí para conocer al general Belgrano. Al mando de sus feroces flecheros rindió honores a los esposos guerrilleros sellando un pacto de hermandad y repartiéndose zonas de influencia: el cacique chiriguano se va por el sudeste mientras Padilla y doña Juana continúan siempre hacia el naciente. En virtud de este acuerdo, Cumbay abastecerá a Padilla de sucesivos contingentes de flecheros que servirán para reemplazar las continuas bajas guerrilleras por muerte, desesperanza o soborno.

Las guerrillas de Padilla causaron serios contrastes a las fuerzas españolas. Así vencieron al comandante español Benito López en Tarvita, obligando al general Joaquín de la Pezuela a ordenar la movilización de gruesas columnas para acabar con los Padilla, fuerzas que debía distraer del por ello nunca cumplido objetivo de avanzar hacia Buenos Aires para sofocar la revolución. Gracias a Padilla y otros caudillos altoperuanos y a los gauchos de Güemes, San Martín pudo concentrar el grueso de las tropas argentinas en su estrategia de tomar Lima por mar.

Los esposos Padilla, que por un tiempo estuvieron inactivos porque el desacertado Rondeau decidió prescindir de los caudillos (aunque no de sus tropas) brillantes en la guerra de partidarios pero inexpertos en la batalla ortodoxa, se enteraron de que el 20 de octubre había sido derrotado el ejército argentino en Venta y Media, primero, y en Sipe-Sipe luego.

Don Manuel Ascencio comprende entonces que poco puede esperar de la ayuda externa. El 5 de mayo de 1816 los montoneros que nuevamente había reagrupado derrotaron a las huestes del coronel Vicente Sardina, en la batalla de "El Villar."

"La destrucción de Padilla —comunica entonces el general español García Camba— es de la mayor importancia para la pacificación de los partidos o subdelegaciones de la provincia de Charcas y aun para la inmediata de Santa Cruz de la Sierra" (50).

Lo más experimentado del ejército español, comandado por jefes duchos al frente de tropas numerosas y bien equipadas, fue desplazado entonces sobre "El Villar" y "La Laguna", con la misión de acabar con la pareja de infatigables guerrilleros.

Entre ellos va el coronel Francisco Xavier de Aguilera, un oficial sanguinario y muy avezado (20, 23, 45, 49).

SEGUNDA PARTE

1. LA MEMORIA DEL DESAGRADO

"El período de nuestras campañas en el Alto Perú es de los más estériles en hechos gloriosos y de los más fecundos en sucesos desagradables."

(General don José María Paz, *Memorias*.)

2. ¿COLONIA ESPAÑOLA O INGLESA?

Mientras en el Alto Perú se moría y se mataba con fiereza, crueldad y heroísmo, en Buenos Aires Carlos María de Alvear, Director Supremo, daba instrucciones a Manuel José García para desplazarse secretamente a Río de Janeiro para proponer al embajador Lord Strangford la completa sumisión de las Provincias del Río de la Plata a la Corona británica.

El pliego de Alvear decía, en algunos de sus párrafos:
"Cinco años de repetidas experiencias han hecho ver a todos los hombres de juicio y opinión que este país no está en edad ni en estado de gobernarse por sí mismo, y que necesita una mano exterior que lo dirija y contenga en la esfera del orden antes de que se precipite en los horrores de la anarquía.

"La sola idea de composición con los españoles exalta a los argentinos, hasta el fanatismo, y todos juran en público y en secreto morir antes que volver a sujetarse a la metrópoli. En estas circunstancias solamente la generosa Nación Británica puede poner un remedio eficaz a tantos males acogiendo en sus brazos a estas Provincias que obedecerán a su Gobierno y recibirán sus leyes con el mayor placer".

Si algo puede explicar esta posición de Alvear, anglófilo reconocido por sentimiento y por pertenencia a una masonería dirigida y financiada por Gran Bretaña, es que las provincias rebeldes se habían sumido en el caos y la anarquía, la Banda Oriental había finalmente obtenido su independencia de Buenos Aires y, para completar un cuadro desesperante, 12.000 hombres aguerridos y bien armados, al mando del experimentado general Morillo, habían partido desde Cádiz para aplastar la insubordinación en el Río de la Plata (expedición que luego torció su rumbo y se dirigió a Venezuela). Coloniaje por coloniaje, pensaría Alvear, mejor el inglés que el español (96).

3. EL SILOGISMO DE CHARCAS

La ausencia de militares de carrera y con experiencia hasta la llegada de la "George Canning", que trajo a bordo a San Martín, Alvear, Zapiola y otros, hizo que algunos de los buenos líderes políticos de Mayo se transformasen inevitablemente, por imperio de las circunstancias, en mediocres jefes de ejército.

Tal el caso de Castelli, cuya intervención en el Cabildo del 22 de mayo de 1810 fue brillante y decisiva. Su discurso abrió la brecha para lo que sucedería tres días después.

Sostuvo que "desde la salida del Infante don Antonio, de Madrid, había caducado el Gobierno Soberano de España, que ahora con mayor razón debía considerarse haber expirado con la disolución de la Junta Central, porque, además de haber sido acusada de infidencia por el pueblo de Sevilla, no tenía facultades para el establecimiento del Supremo Gobierno de Regencia; ya porque los poderes de sus vocales eran personalísimos para el gobierno, y no podrían delegarse, ya por la falta de concurrencia de los Diputados de América en la elección y establecimiento de aquel gobierno, deduciendo de aquí su ilegitimidad, la reversión de los derechos de la Soberanía al pueblo de Buenos Aires y su libre ejercicio en la instalación de un nuevo gobierno, principalmente no existiendo ya, como se suponía no existir, la España en la dominación del señor don Fernando Séptimo".

En 1809, Castelli había participado ya en los debates universitarios en la Universidad de San Xavier, en Chuquisaca, cuando la Audiencia aprobó por unanimidad lo que dio en llamarse el "silogismo de Charcas".

Premisa mayor: "Las Indias son un dominio personal del Rey y no de España".

Premisa menor: "El Rey está impedido de reinar".

Conclusión: "Luego las Indias deben gobernarse a sí mismas desentendiéndose de España".

Toda la construcción jurídica y política de Castelli se basa en la idea de la soberanía popular, afirmando no reconocer en los virreyes y sus laderos representación alguna para negociar sobre la suerte de los pueblos, cuyo destino no depende sino de su libre consentimiento. Éstos deben decidir el partido que toman. Y agregaba: "...porque el pueblo es el origen de toda autoridad, y el Magistrado no es sino un precario ecónomo de sus intereses".

Es difícil identificar estos razonamientos como pertenecientes a quien pocos meses después, siguiendo instrucciones de Moreno, fusilaría a Liniers y luego impondría el terror en Potosí. Aunque vaya en su descargo la carta que el 17 de enero de 1811 escribe a Chiclana: "No dude cuán sensible me ha sido la eliminación de esos hombres (...) No me dejaron el menor arbitrio so pena de ser mirado como perjudicial a la seguridad de la Patria (...) He sido contemplativo como pude serlo en todo" (17, 95, 110).

4. UNA ARTIMAÑA SALVADORA

El diario del Tambor Vargas incluye también algunos pasajes tragicómicos, como aquel que relata las artimañas empleadas por un capitán indígena para huir de sus captores:

"Al capitán Miguel Mamani de Cochabamba lo traen a Palca porque en sus declaraciones había dicho que tenía fusiles, munición y un cañón oculto, o que él ha visto, prometiendo entregar todo, y andaban por todas partes buscando sin encontrar, pues al mes y más llegan de regreso al pueblo de Morochata, y este prisionero Mamani finge dolor cólico, pasada la media noche suplica al cabo de guardia que le dé una escolta para que vaya a hacer la necesidad del cuerpo, admite, sale con su centinela y se sienta dando ayes como si verdaderamente hubiese estado con tales dolores, desátase la soga y de repente brinca a un arroyuelo y emprende la carrera para abajo, escapa, cuando acudieron los de la guardia principal estaba ya en un morro desafiando y tirando pedradas, así escapó" (63).

5. LA MECHA QUE NO ARDÍA

Transcurrían los días posteriores al desastre de Ayohúma: "El enemigo no estaba quieto, y nuestra permanencia en Potosí no podía ser larga. El 18 por la mañana se dio la orden de marcha para esa tarde, y a las dos estuvo la infantería formada en la plaza, y la caballería en la calle que está al costado de la Casa de la Moneda. Las tres serían cuando se marchó el general Belgrano con la pequeña columna de infantería, quedando solamente el general Díaz Vélez con nosotros, que seríamos ochenta hombres. Se empezaron a notar algunos secretos entre los jefes más caracterizados, y había en el aire algo de misterio que no podíamos explicarnos. Luego estuvimos al corriente de lo que se trataba.

"(...) Para persuadir al vecindario a que abandonase por unas horas sus casas y al populacho de la calle que se retirase, se creyó conveniente ir haciendo revelaciones sucesivas. Se les dijo, primero, que corrían inminentes peligros si no obedecían; luego, que iban a ser destruidas sus casas y perecerían bajo sus ruinas; finalmente, se les confesó que el sólido y extenso edificio de la Casa de la Moneda iba a volar a consecuencia de la explosión que haría un gran depósito de pólvora que iba a incendiarse.

"Y a fe que no era un engaño, porque, efectivamente, se había resuelto en los consejos del General en Jefe hacer volar la Casa de la Moneda en la forma siguiente:

"La sala llamada de la fielatura, porque en ella se pesan las monedas que han de acuñarse, queda al centro del edificio y está más baja que lo restante de él. En esta sala se habían colocado secretamente numerosos barriles de pólvora, para cuya inflamación debía dejarse una mecha de duración calculada, para que a los últimos nos quedase el tiempo bastante de retirarnos. Estaba el sol próximo a su ocaso, cuando el general Díaz Vélez, cansado de órdenes e intimaciones que no se obedecían, y en que empleó a casi todos los oficiales y tropa que formaban la retaguardia, resolvió llevar a efecto el proyecto, aunque fuese a costa de los incrédulos e inobedientes.

"Ya se prendió la mecha, ya salió el último hombre de la Casa de la Moneda, ya se cerraron las gruesas y ferradas puertas de la gran casa, cuando se echaron de menos las tremendas llaves que las aseguraban; vi al general en persona agitándose como un furioso y pidiéndolas a cuantos lo rodeaban; pero ellas no aparecieron. Entre tanto el tiempo urgía, la mecha ardía y la explosión podía suceder de un momento a otro. Fue preciso renunciar al empeño de cerrar las puertas, y contentándose el general con emparejarlas, montó en su 'Doncella' (su mula tenía este nombre) y dio la voz de partir a galope.

"Nuestra marcha precipitada no se suspendió hasta el Socavón, que está a una legua de la plaza, adonde llegamos al anochecer. Deseando gozar en su totalidad del terrible espectáculo de ver volar en fracciones un gran edificio y quizá media ciudad (tal era la idea que se nos había hecho formar), durante el camino fuimos violentándonos para volver el rostro a la Casa de la Moneda, que dejábamos atrás. Yo aseguro que no separé un momento la vista de la dirección en que quedaba, lo que me originó un dolor en el pescuezo que me duró dos o tres días después.

"Llegamos, como he dicho, al Socavón, ya desconfiando de que se realizase la explosión; un cuarto de hora después ya era certidumbre de que la mecha había sido sustraída o que algún otro inconveniente había impedido su actividad. El general Belgrano, que no estaba lejos de nosotros, debió experimentar las mismas sensaciones, y cuando vio fallida la operación, hizo un último esfuerzo por realizarla.

"El capitán de artillería don Juan P. Luna, se presentó en la retaguardia con una orden para que se pusiesen a su disposición veinticinco hombres de los mejor montados con los que debía reingresar en la ciudad y en la Casa de la Moneda, y volver a preparar y encender la mecha encendida que la hiciese volar. Pero esto ya era imposible, pues el vecindario y populacho, que no querían ver destruido el más valioso ornamento de su pueblo, ver destruidas sus casas y morir sepultados bajo sus ruinas, hubieran hecho pedazos al nuevo campeón y sus veinticinco hombres. Luna llegó a los suburbios, vio de qué se trataba y se retiró prudentemente".

La mecha había sido apagada por un oficial, Anglada, mendocino, del ejército patriota, quien, bien parecido y mujeriego, se dejó seducir por una moza realista que lo convenció de arrancar la mecha y de ocultar las llaves de un edificio tan bello que recibe el apelativo algo excesivo de "el Escorial de América" (79).

6. UN MARQUÉS REVOLUCIONARIO

Don Juan José Fernández Campero Maturana del Barranco, Pérez de Uriondo, Hernández de la Laya, marqués del Valle de Tojo, vizconde de San Mateo, comandante general de la Puna y coronel del Primer Regimiento peruano, como solía firmar en sus bandos y proclamas este patricio de la nobleza española, es mejor recordado como el marqués de Yavi. Levantó un gran ejército en sus dominios cuya extensión, con epicentro en Yavi (Jujuy), era comparable a la de una nación europea de mediano tamaño. Su título de coronel le había sido concedido por el Rey de España, pero él, luego de la victoria patriota en Salta se puso al servicio de la causa revolucionaria, por convicción o quizá por un mal cálculo de las circunstancias, que le hizo perder casi todas sus posesiones en las vengativas manos de los leales al Rey.

Su actividad en las tierras que separaban el Alto Perú del Río de la Plata fue muy decisiva durante algún tiempo para la causa independentista, pues cubrió eficazmente las espaldas de las tropas de Rondeau cuando éste se internó en tierras del altiplano.

Cuando los "abajeños" regresaron en desbandada luego de Sipe-Sipe, el marqués, decidido a defender no sólo su patria adoptiva sino también lo poco que de lo suyo le quedaba, fortaleció aun más las fuerzas que él mismo financiaba. Disgustado por lo que consideraba apatía e ineficiencia de los porteños, imaginó un territorio independiente a sus órdenes, que recorría y custodiaba en aparatosas maniobras al frente de lo que él denominaba Primer Ejército Peruano, con evidente sentido segregacionista.

Ello no le impidió aliar sus fuerzas y sus esfuerzos con

el caudillo Martín Güemes, cubriendo su flanco oriental, alcanzando fama y prestigio por su valor.

Lo que terminó por perder al marqués, personaje sin duda singular, fue su también renombrada obesidad, la que en uno de los encontronazos a sable y boleadora, sorprendido mientras asistía a misa en la bellísima iglesia de Yavi, y al caer de su cabalgadura cuando huía, no le permitió volver a montar, siendo detenido por una partida realista. Sometido a Consejo de Guerra, como coronel del Rey, falleció sospechosamente en alta mar cuando era conducido prisionero a la península (3, 14, 79, 96).

7. FRANCIA Y SUS AGENTES

No fueron España e Inglaterra las únicas potencias europeas que intervinieron en el proceso independentista de América del Sur. También Francia.

Su Ministerio de Relaciones Exteriores organizó en Nueva York un cuartel general secreto, destinado a mover los hilos de sus intereses en América española y las Filipinas. Un tal señor Desmoland, quizás un alias de los servicios secretos franceses, dirigía desde esa ciudad norteamericana la infiltración.

Copia de unas reveladoras instrucciones dadas por Desmoland a sus agentes fue interceptada en Caracas y dada a conocer en Buenos Aires. El documento recomendaba que se persuadiera a los criollos de que Napoleón Bonaparte no deseaba sino dar "libertad a un pueblo esclavo" sin más beneficio que el comercio. Enterados a fondo de la realidad de las colonias hispánicas, proponían puntos como los siguientes:

* Libertad de siembras de lo que "hasta el día está prohibido por el Gobierno español, como es la cultura del azafrán, lino, cáñamo, el hacer aceite, las viñas, etc.".

* Abolición de los estancos del tabaco, la pólvora, los fósforos y el papel sellado.

* Buscar la amistad de los gobernadores, intendentes, subdelegados y, especialmente, de los párrocos y prelados religiosos para que "éstos en las confesiones persuadan y aconsejen a los penitentes de que les conviene un gobierno independiente".

* Recordar a los criollos "el trato vil que les dan y el desprecio con que los tratan" y a los indios "las crueldades que los españoles usaron en sus conquistas, y las injusticias e infamias que cometieron con sus legítimos soberanos, quitándoles la vida y esclavizándolos".

* Denunciar las discriminaciones a las que el régimen colonial sometía a los americanos "en sus solicitudes a empleos".

* Abstenerse de hablar contra la religión: "En los estandartes o banderas de la sublevación irá escrito el mote de 'Viva la Religión Católica, Apostólica, Romana y muera el mal gobierno' (96).

8. LOS ATROPELLOS "ABAJEÑOS"

Castelli, comisionado de la Primera Junta y no Balcarce, comandante en jefe, fue el verdadero conductor del primer ejército enviado por el Gobierno de Buenos Aires para expandir y consolidar la Revolución de Mayo en territorios altoperuanos.

Los historiadores coinciden en que imbuido por su espíritu jacobino y radicalizado, Castelli cometió algunas acciones violentas que asordinaron el entusiasmo que despertaron en las tierras altas del ex Virreinato del Río de La Plata las noticias de la sublevación "abajeña" contra el poder español. Entusiasmo que provocó una ristra de sublevaciones en cadena (Chuquisaca, Potosí, Cochabamba, La Paz) que se apresuraron a declarar su lealtad a la Junta porteña.

Algunas de las más importantes personalidades potosinas, el presidente de la Audiencia, Nieto, el alcalde de Paula y Sanz y el general Córdova, fueron pasadas sin piedad por las armas, lo que hizo que tanto criollos como godos que habían demostrado una buena predisposición hacia la nueva situación política se vieran acuciados por el terror, por lo que muchos de ellos se transformaron en conspiradores.

No conforme, Castelli dictó un bando en el que entre otras imposiciones se establecía: "Todo acto contrario a las autoridades revolucionarias se considerará crimen de primer orden. Sus autores serán castigados hasta con pena de muerte".

Tampoco le fue mejor cuando se desplazó a Chuquisaca, aunque por otras razones. Aquí, seguramente influido por sus libertarios años de estudiante en la Universidad de San Xavier, dictó algunas medidas sumamente avanzadas en favor de los indios que le granjeó el vigoroso disgusto y la activa oposición de criollos y españoles pudientes, cuyo concurso le hubiese sido de extrema utilidad para equipar sus tropas.

"Castelli debiera responder por todos sus actos, desde el primer paso que dio en el Alto Perú, donde encontró un país unido e hizo cuanto es dable hacer para dividirlo; exacerbó todas las pasiones, cuando todas las pasiones estaban dormidas. No supo aprovechar ni cimentar la opinión que se pronunciaba favorablemente unánime, y sopló todos los resentimientos para dividir a los pueblos en bandos opuestos. Le vino la ruina y el descrédito por usar de un poder despótico y sanguinario, cuando en nada hallaba resistencia, y se quejaba de la desgracia que no era más que su propia obra" (104).

Esta desilusión ante las esperadas tropas revolucionarias que apoyarían los focos rebeldes de los caudillos altoperuanos se acentuó por los errores militares que desembocaron en la grave derrota de los ejércitos argentinos en Huaqui ante las veteranas tropas españolas certeramente dirigidas por el avezado brigadier Goyeneche.

Para colmo de males la desordenada fuga de los derrotados sobrevivientes se tiñó, quizás inevitablemente por la desesperación y el hambre, de depredaciones y malos tratos que no hicieron sino aumentar su mala fama. Descrédito que la acción psicológica realista se encargó de aumentar y deformar, de manera de influir en la opinión pública y volverla en contra de sus aliados revolucionarios.

Una de las consecuencias fue que cuando Castelli y sus huestes reingresaron en desbandada en Potosí sus habitantes estaban ya mal predispuestos para acogerlos. Un hecho desgraciado aumentó esta repulsa, pues según informó Juan Martín de Pueyrredón, por entonces Gobernador de Chuquisaca, un soldado "abajeño" pretendió violar a una mujer pero su marido salió en su defensa y lo atacó. La batahola se extendió a soldados y paisanos, cobrando proporciones tan desmesuradas que los cadáveres de 150 soldados argentinos y otros tantos ciudadanos quedaron regados en las calles de Potosí.

Para azuzar aun más el recelo y hasta el odio de quienes, paradójicamente, debían ser por ellos liberados, el citado Pueyrredón, luego de obtener un trabajoso fin de las hostilidades, cuando los potosinos habían logrado conciliar el sueño, subrepticiamente, entre gallos y medianoche, saqueó los caudales de la Casa de la Moneda.

En defensa de Pueyrredón diremos que se trataba de un recurso militar utilizado casi sin excepción por cada ejército español o rebelde que transitó por dicha bella ciudad no casualmente llamada también La Plata.

La fecha señalada fue la noche del 26 de agosto de 1811. Pueyrredón había solicitado de las autoridades potosinas la entrega de 400 mulas para trasladar supuestamente las riquezas de la Casa de la Moneda a Tupiza, donde estarían a salvo de las milicias del general realista Goyeneche, avisándose a la población que quienquiera se opusiese a ese traslado sería castigado con el último suplicio.

"El populacho dormía descuidado —escribe el mismo Pueyrredón en su informe a Buenos Aires—. Serían las cuatro y media de la mañana cuando hice mi salida, ordenando, estrictamente, el mayor silencio en la tropa y mandando quitar todos los cencerros a las recuas para que el ruido no advirtiese de mis movimientos a los que ya miraba como mis enemigos".

"Cuando, al amanecer del 27, se esparció la noticia de lo sucedido, la indignación se apoderó de los habitantes de la ciudad. Se tocó alarma, las campanas fueron batidas a rebato. Rápidamente se formaron partidas para salir en persecución de los fugitivos. Pero éstos estaban bien armados y, al aproximarse los improvisados grupos de ciudadanos potosinos que intentaban detener a la caravana e impedir el despojo, formaron cerrado orden de batalla, disparando sus armas contra los paisanos. Varias veces se reprodujo el intento. Hasta cerrar la noche, la guardia porteña sintió la proximidad de los hombres que los hostilizaban. Todavía a lo largo del camino los autores del secuestro fueron atacados continuamente. Pueyrredón buscó caminos desviados, combatiendo a cada paso con montoneras y emboscadas, para escapar de los asaltos. Al llegar a Tarija, la recepción fue no menos hostil, debiendo ser tomada la población violentamente, causando un elevado número de bajas entre los pobladores" (101).

Los caudales de Potosí llegaron a salvo a Orán, ya en territorio argentino, y sirvieron más tarde para organizar el segundo ejército auxiliar, a las órdenes del general Belgrano (9, 11, 19, 42, 48).

9. LAS "TIERRAS ALTAS" Y NUESTRA INDEPENDENCIA

El Alto Perú estaba tan integrado a las Provincias Unidas del Río de La Plata —constituía sus "tierras altas"—, que los "arribeños" ocuparon roles protagónicos en nuestro proceso de independización de España.

Tanto es así que el primer mandatario argentino, el presidente de la Primera Junta de Mayo don Cornelio Saavedra, era nacido en Potosí.

Asimismo uno de los presidentes del Congreso de Tucumán en 1816 fue José María Serrano, representante de Charcas. Otros delegados altoperuanos a dicha histórica convocatoria eran: José Severo Malabia, también por Charcas; Pedro Ignacio Rivera, por Mizque; José Antonio Pacheco de Melo y el célebre marqués de Yavi, que representaban al departamento de Chichas (3, 65, 96).

10. UN OFICIO TARDÍO

"Señor coronel de Milicias Nacionales, don Manuel Ascencio Padilla:

"Incluyo a Ud. el despacho de Coronel de Milicias Nacionales a que le considero acreedor por los loables servicios, que se me ha instituido está ejerciendo en esos destinos, de libertarlos del yugo español, lo que ya ha jurado nuestro Soberano Congreso, resuelto a sostenerlo con cuantos arbitrios quepan en los altos alcances de su elevada austeridad. Trata igualmente la soberanía de restablecer la monarquía de los antiguos Incas, destronados en la más horrenda injusticia por los mismos españoles. Y soy testigo de algunas sesiones sobre ella y espero tener la gloria de contribuir por mi parte a tan sagrado designio.

"En el entretanto, poniéndose Ud. y toda su gente bajo la augusta protección de mi generala que lo será también de Ud., Nuestra Señora de Mercedes, no tema Ud. riesgos en los lances acordados con la prudencia, pues ella siempre es declarada por el éxito feliz de las causas justas como la nuestra.

"Acompaño a Ud. asimismo la proclama que he erigido a todos los pueblos del Perú, para que haciéndola publicar entre sus soldados produzca los útiles frutos que me prometo coadyuvará con sus eficaces persuasiones.

"No deje Ud. de comunicarme, siempre que pueda sin inminente riesgo, los resultados de sus empresas, sean favorables o adversas, para mi conocimiento y poder yo tomar las medidas que considere oportunas.

"Dios guarde a Ud. muchos años.

"Tucumán a 23 de octubre de 1816.

"Manuel Belgrano".

Cuando este oficio fue enviado, hacía ya semanas, desde el 13 de septiembre, que la cabeza del coronel Manuel Ascencio Padilla se pudría en el extremo de una pica, carcomida por gusanos voraces y aureolada por una nube de moscas (44, 65).

11. MONTEAGUDO, LA EXALTACIÓN INTELECTUAL

El fusilamiento en Potosí de Sanz, Nieto y Córdoba, le provoca un arrebatado párrafo publicado en su *Mártir o libre:*

"Me he acercado con placer a los patíbulos de los arcabuceados para observar los efectos de la ira de la Patria y bendecirla por su triunfo (...) El último instante de sus agonías fue el primero en que volvieron a la vida todos los pueblos oprimidos".

El papel de Bernardo Monteagudo en dicho trágico acontecimiento no se limitó con toda seguridad a ser un espectador pasivo y es de suponer en cambio que influyó decisivamente sobre Castelli para que firmara tan drástica decisión.

Tiempo más tarde Monteagudo tuvo también activa participación en los fusilamientos de Álzaga, el héroe de las invasiones inglesas, cumpliendo con el deseo de Alvear, quien lo premió con su confianza y altas responsabilidades en su Gobierno.

Fue también el rápido juez que condenó a muerte a los hermanos Carrera, hoy héroes nacionales en Chile y entonces presos en Mendoza, acción que le mereció el generoso agradecimiento de su tocayo O'Higgins.

La sinuosa, desprejuiciada y fulgurante carrera política de Monteagudo lo llevó a ser el favorito de San Martín y luego del renunciamiento de Guayaquil también de Bolívar, a favor de un genial talento para seducir a los más poderosos. Se había iniciado precozmente en Chuquisaca, en cuyos claustros estudiaba y donde tuvo activa participación en la sublevación de 1809.

A su bien dotada pluma, que lo llevó a ser periodista de éxito y escriba de los próceres antes citados, se debió la amplia difusión de un libelo de vigorosa influencia en la juventud libertaria de entonces, cuando sólo tenía 19 años.

El "Diálogo entre Atahualpa y Fernando VII en los Campos Elíseos" era un dialéctico intercambio de ideas entre las almas de Fernando VII, Rey de España, y la de Atahualpa, el infortunado Inca sacrificado por Pizarro 300 años atrás.

La trama era ingeniosa y eficaz: el Rey se lamenta ante el Inca por el despojo de que ha sido objeto por parte de Napoleón; Atahualpa, sinceramente conmovido, no pierde la oportunidad de enrostrarle que comprende el sufrimiento real por cuanto él también ha sido despojado de su corona, de sus dominios y hasta de su vida por los conquistadores provenientes de la tierra de la que Fernando VII era justamente monarca. Las argumentaciones del Inca resultan tan convincentes que el Rey termina por afirmar: "Si aún viviera, yo mismo movería a los americanos a la libertad y a la independencia más bien que vivir sujetos a una nación extranjera".

En otro pasaje, y recuérdese que Monteagudo escribía en 1809, Atahualpa afirma que si le fuese posible regresar a la tierra incitaría a la revolución con la siguiente proclama:

"Habitantes del Alto Perú: si desnaturalizados e insensibles habéis mirado hasta el día con semblante tranquilo y sereno la desolación e infortunio de vuestra desgraciada patria, despertad ya del penoso letargo en que habéis estado sumergidos; desaparezca la penosa y funesta noche de la usurpación y amanezca el luminoso y claro día de la libertad. Quebrantad las terribles cadenas de la esclavitud y empezad a disfrutar de los deliciosos encantos de la independencia: vuestra causa es justa, equitativos vuestros designios".

Su actividad revolucionaria deparó a Monteagudo cárcel en Chuquisaca de la que escapó para unirse al primer ejército que Buenos Aires envió al Alto Perú, ganándose prontamente, como es de imaginar, el afecto y la confianza de Castelli.

En la cuenta de este joven extraordinariamente bien parecido, impetuoso, y de ideas radicalizadas, se anotan algunos de los hechos más sacrílegos e imprudentes que fueron despertando en los "arribeños" una opinión contraria a los "abajeños".

Su vida, que aún despierta polémicas entre detractores y admiradores, termina trágicamente en una oscura calle de la capital del Perú, país que gobernó con escándalo durante el protectorado de San Martín. Murió con el pecho destrozado por el cuchillo de un asesino a sueldo, Candelario Espinoza, a quien Bolívar manda llevar a su presencia y le promete ahorrarle la muerte si confiesa quién le había pagado para asesinar a su entonces favorito.

La confesión, hecha a solas, debió ser tan impactante que don Simón guardó el secreto hasta su tumba.

Una de las tareas que Bernardo Monteagudo llevó a cabo con éxito a favor de su fecunda capacidad de convicción fue la defensa de Castelli y Balcarce, acusados de traición e ineptitud luego de la derrota sufrida en Huaqui, juicio que de todas maneras reverdecería años más tarde y que llevaría al gran orador del 24 de mayo de 1810, Castelli, a morir en la cárcel, carcomido por un cáncer de lengua.

12. LOS "TAPADOS"

Potosí había sido escenario convulsionado de triunfos y derrotas alternantes de los ejércitos realistas o rebeldes, quienes también se turnaban en depredaciones y atropellos a su población. Muchos de los ciudadanos más prominentes la habían abandonado en resguardo de sus vidas y de la de sus familias. No sin antes enterrar la parte de sus fortunas que no alcanzaban a transportar consigo a lomo de mula a través de caminos infestados de tropas y guerrillas codiciosas. A estas riquezas enterradas se las llamó "tapados".

Cuando el general argentino Rondeau, jefe del 3er. Ejército del Norte, entró en Potosí, dio orden de rastrear y desenterrar dichos "tapados" con el fin declarado de obtener recursos para sostén de su ejército; aunque no faltaron los maliciosos que susurraban que parte de las riquezas confiscadas se desviaron a bolsillos deshonestos, lo que no hizo sino aumentar el descrédito de este "ejército auxiliar".

Rondeau se sentía fortalecido en su posición debido a que, maniobrando con habilidad y creando incertidumbre en los jefes del Ejército del Norte, había logrado frenar a Alvear quien, rendida ya Montevideo, había exigido a su tío-títere, el director supremo Posadas, reemplazar a Rondeau en el Alto Perú, pero debió regresar, ya a mitad de camino, por la negativa de coroneles y capitanes a aceptarlo como su superior.

El "tapado" más sustancioso que se descubrió y confiscó había pertenecido al rico terrateniente don Nicolás Achával, e importaba más de 100.000 duros, de los cuales las tres cuartas partes eran en moneda sellada o tejo de oro.

El destino parecía ensañado con el tal Achával pues no hacía mucho había perdido en La Paz una importantísima cantidad de dinero, porque uno de sus dependientes, a quien había ordenado ocultarlo en secreto, fue tan leal que no dijo a nadie el lugar de tal "tapado", con tan mala suerte que murió repentinamente sin alcanzar a revelárselo a su amo.

Para que esto no volviese a suceder Achával instruyó a varios de sus dependientes en Potosí para que la reserva no fuera tan extrema. Con el resultado de que el "tapado" al que se refiere Paz en sus *Memorias* fue hallado, justamente, por la delación de uno de esos confidentes (79, 96).

13. UN MONARCA PARA EL RÍO DE LA PLATA

La situación en Europa había cambiado sustancialmente a fines de 1814.

Napoleón derrotado y rendido, Fernando VII nuevamente en el trono español e Inglaterra firmando un acuerdo con él para respetar sus derechos en las colonias americanas a cambio de sustanciosas ventajas comerciales en el Nuevo Mundo.

Posadas, Director Supremo, decide que es el momento para enviar una misión de conciliación con el monarca español. Para ello fueron elegidos Belgrano y Rivadavia, quienes debían felicitar a Fernando VII "a nombre de las Provincias Unidas por su feliz restitución al trono de sus mayores asegurándole, con toda la expresión posible, de los sentimientos de amor y fidelidad de estos Pueblos a su Real Persona".

El verdadero comisionado para esa misión era Rivadavia, y Belgrano sólo aportaría, quizás ingenuamente, su prestigio de patriota. Tanto fue así que el primero llevaba secretas instrucciones de las "que no debía dar cuenta a su socio".

Cuando hicieron escala en Londres se encontraron con Manuel de Sarratea, que recorría las cortes europeas desde hacía ya un año, y los puso al corriente de una idea que él bautizara en clave como el "Negocio de Italia". Se trataba de preservar algo de la independencia de las Provincias del Río de La Plata coronando como rey de la misma al infante Francisco de Paula, hermano de Fernando VII e hijo menor de Carlos IV, residente en Roma. Habría de por medio una fuerte pensión mensual para el necesitado ex rey español quien, habiendo dejado de percibir los dineros que como soborno le enviaba regularmente Napoleón, abdicaría de "sus dominios en el Río de la Plata, Chile y parte del Perú", en favor de su hijo menor. Dicha nota fue redactada por Rivadavia mientras encargó a Belgrano el "Proyecto de Constitución Monárquica".

La nueva monarquía tendría el escudo blanco y azul de la Argentina con modificaciones: las dos manos en vez de estrecharse y sostener la pica y el gorro frigio, elevarían las tres flores de lis de la Casa de Borbón; en vez de laureles lo orlarían un tigre americano y una vicuña. El mismo Rivadavia dibujó el escorzo para conocimiento de Carlos IV y del futuro rey.

La "constitución" entregaba el Poder Ejecutivo al rey asistido por un ministerio formado por nobles: a ese efecto se crearían títulos de duques, condes y marqueses a repartirse entre las personalidades criollas. Todos los duques, la tercera parte de los condes (elegidos por ellos), la cuarta parte de los marqueses y la tercera parte de los obispos (elegidos por el rey) formarían la Alta Sala. Una Sala Baja de representantes plebeyos completaría el Poder Legislativo. Habría "libertad de cultos y conciencia, de imprenta, inviolabilidad de las propiedades y seguridad individual".

El proyecto fracasó al filtrarse la noticia en Buenos Aires, donde despertó una oleada de indignación. Belgrano regresaría de inmediato, convencido de su error, para promover la idea del reinado incaico. Las negociaciones concluyeron el 16 de julio de 1816 sin que los demás emisarios se enterasen de que algo histórico había sucedido, una semana antes, en Tucumán (3, 95, 110).

14. LAS HEROICAS COCHABAMBINAS

Las mujeres de Cochabamba, ante la defección de sus esposos, padres e hijos, quienes preferían negociar con las fuerzas realistas que se acercaban, deciden defender a sangre y fuego su ciudad, sus hogares.

Belgrano se entera a través del informe del soldado Francisco Turpín, perteneciente a la Primera Compañía de Fusileros del Regimiento Nº 6.

"Habiendo yo quedado en Cochabamba, y en destacada en un lugar llamado Colque Pirgua, a los cuatro días vino la noticia de que el general Arce había sido derrotado, entonces don Mariano Antezana nos mandó llamar a la ciudad, y habiendo formado todas sus tropas nos dijo: '¿Juran soldados defender la Patria?', a lo que respondimos 'sí'; pero como todos los soldados desconfiaron que el gobernador Antezana era sarraceno, sospecharon que los iba a entregar y así la mayor parte de ellos desertaron.

"En este mismo día por la tarde hubo Cabildo Abierto y nuevamente Antezana dijo: '¿Cumpliréis lo que habéis dicho de defender la Patria y la excelentísima Junta de Buenos Aires?' Algunos respondieron que sí, pero ya no había más de mil hombres escasos y entonces las mujeres dijeron 'Si no hay hombres nosotras defenderemos'. A poco rato mandó informar el señor Antezana que él ya se rendía, y que todas las armas las pusieran en el cuartel, que él se iba y que el que quisiera seguirlo que lo siguiese, mandó al mismo tiempo que se asegurasen las armas bajo llave, hecha esta diligencia repentinamente se congregaron todas las mujeres armadas de cuchillos, palos, barretas y piedras en busca del gobernador Antezana para matarlo, pero no lo encontraron, luego vino un caballero Mata Linares, a quien dejó las llaves Antezana, y éste abrió el cuartel, entraron las mujeres, sacaron los fusiles, cañones y municiones, y fueron al punto de San Sebastián, al pie de La Coronilla, extramuros de la ciudad, donde colocaron las piezas de artillería.

"Al día siguiente hubo un embajador de parte de Goyeneche, previniendo que venían ellos en paz a unirse como con sus hermanos, que desistan de esa empresa bárbara; el pliego se entregó al único oficial capitán de Caballería que quedaba, don Jacinto Terrasas, y habiendo éste preguntado a todas ellas si querían rendirse, dijeron que no, que más bien tendrían la gloria de morir matando y el embajador que vino a Cochabamba murió en manos de las mujeres.

"A poco rato se vio ya formado el ejército enemigo e inmediatamente rompieron el fuego las mujeres con los rebozos atados a la cintura, haciendo fuego por espacio de tres horas: el enemigo acometió por cuatro puntos y mataron treinta mujeres, seis hombres de garrote y tres fusileros, y en esta confusión me hicieron prisionero, manteniéndome atado a la cureña de un cañón y lo mismo a dos mujeres; a los seis días de mi prisión prendieron también al señor Antezana en el convento de San Francisco, le dieron tres días de término y lo pasaron por las armas después; después de muerto le cortaron la cabeza, y colocaron en la plaza mayor de la ciudad".

Con referencia a este escrito informaba Belgrano con exaltación a Buenos Aires, desde Jujuy, el 4 de agosto de 1812.

"¡Gloria a las cochabambinas que se han demostrado con un entusiasmo tan digno de que pase a la memoria de las generaciones venideras!

"Ellas han dado un ejemplo que debe excitar, señor excelentísimo, los sentimientos más apagados por la patria, y estoy seguro de que no será el último con que confundan a las de su sexo que, alucinadas, trabajan en contra de la causa sagrada, y aun a los hombres que prefieren la esclavitud, por no exponer sus vidas para asegurar nuestros justos derechos" (10, 65, 108).

15. POR LA PATRIA, TODO

Acosada por las fuerzas realistas, Juana Azurduy, custodiada por Huallparrimachi, se internó en el valle de Segura buscando refugio en la húmeda impenetrabilidad de su selva, acampando a orillas de pantanos infestados de mosquitos.

Allí sus cuatro hijos, a quienes su madre amaba entrañablemente, debilitados por la fatiga, el frío y el hambre, contrajeron la fiebre palúdica y todos murieron, primero los dos varones, Manuel y Mariano, y enseguida las dos mujeres, Juliana y Mercedes (44, 49, 52).

16. LA GUERRA ES SIEMPRE SALVAJE

Los desatinos cometidos por Castelli y Monteagudo al mando del primer "ejército auxiliar" obligaron al jefe del segundo, Manuel Belgrano, a comportarse de manera de borrar el rencor y la decepción de los ciudadanos del Norte argentino y del Alto Perú.

Luego del triunfo de Salta, no obstante poder exigirle que se rindiera a discreción, Belgrano, "despedazado su corazón al ver derramarse tanta sangre americana" (como él mismo escribiese), aceptó que el jefe enemigo, mariscal Pío Tristán, capitulase con honra: los vencidos saldrían con los honores de guerra, a tambor batiente, rendirían sus armas y se comprometerían bajo juramento a no tomar en adelante parte en la lucha. Debe tenerse en cuenta que Belgrano, al proceder así, esperaba ganárselos pues casi todos eran americanos.

El juramento de los vencidos fue desestimado luego por el general Goyeneche, quien los hizo relevar de su obligación por el arzobispo de Charcas. No obstante, la mayoría, entre ellos Tristán, quien se retiraría a su casa en Arequipa, lo cumplió al pie de la letra; no sólo no empuñaron más las armas, sino que no pocos fueron propagandistas de la revolución.

Tanta magnanimidad disgustó en Buenos Aires; Belgrano no hizo caso: "No busco glorias sino la unión de los americanos", escribe a Chiclana, a quien había hecho gobernador de Salta. Tampoco avanzará con premura, no obstante las órdenes del gobierno, "para recoger el fruto de la gloriosa victoria". Quería ganarse previamente a los altoperuanos, y para ello hace oficiar misas en todos los pueblos y villorrios que encuentra a su paso, para borrar la imagen de ateísmo, irreverencia y blasfemia que habían dejado sus antecesores.

Esta conducta algo forzada de Belgrano y desde el punto de vista militar muy posiblemente errónea, fue luego variada al conjuro de la crueldad de las circunstancias. Es así que entre los once prisioneros de la corajuda acción de "Tambo Nuevo" había dos de quienes luego de la batalla de Salta habían jurado no volver a empuñar las armas en contra de los ejércitos revolucionarios.

Don Manuel, olvidada ya su magnanimidad, ordenó que fueran fusilados por la espalda, con la prevención de que la descarga no les dañase sus cabezas, las que fueron luego seccionadas y transportadas sigilosamente lo más cerca posible del campamento enemigo, donde fueron izadas al extremo de altos maderos, del que también pendía un rótulo de grandes y visibles letras: "Por perjuros e ingratos a la generosidad con que fueron tratados en Salta" (23, 34, 53, 65, 72).

17. EPOPEYA Y CANIBALISMO

Un indio anónimo protagoniza un final épico a manos de sus captores, y es el Tambor Vargas quien nos lo cuenta en su castellano titubeante:

"De los catorce muertos de los indios sucedió un caso: cuando nos confundimos entre la caballería, infantería e indiada, once indios se habían desbarrancado, se metieron conociendo el peligro, uno de ellos estaba buscando un trecho algo favorable, para poder salvarse de aquel horroroso peligro, en esto se le había asomado un Soldado del Rey y estando sobre la peña el indio, le dio el tiro estando arrodillado el infeliz, le erró, entonces se acercó y lo agarró a quererlo llevar prisionero, asegurando que él se empeñaría con su jefe a que le perdone la vida y así es que camine; el indio le suplicó con mucha ternura que movía a compasión en que era un hombre como él, que tenía numerosa familia menuda, y que le haga el favor grande de darle soltura para que escape; que pedirá él y toda su familia a Dios por su buena existencia por el favor que le ha de hacer; nada remediaba con llevarlo prisionero, ni nada le iban a dar; entonces el soldado incómodo quería arrastrarlo, ya entonces vio el indio que se asomaban dos soldados más, a esto dice el indio: 'Pues, si no me perdonas la vida ahora moriremos juntos'; se abraza al soldado y fuerza a fuerza se bota al barranco y caen y ambos murieron, aunque no al instante".

Tal es la ferocidad de la lucha, que se dan incluso casos de canibalismo:

"El 29 de San Miguel en la fiesta de Lequepalca, estaban los indios de la Patria juntando gente con los compañeros Ubina, Mercado y Miguel Mamani, sorprendieron a dos mozos que eran orureños guardas de alcabalas, los atropellaron y mataron a palos, también al hijo de un amedallado del rey lo mataron asimismo, después machucaron el cuerpo del muchacho en un batán, esto es, lo molieron.

"El 30 juntándose los amedallados con bastante indiada y tres bocas de fuego llegaron a Lequepalca, después que los patriotas se fueron, sólo lograron pescar a algunos indios de esas inmediaciones, los encerraron en la iglesia, de donde sacaron a tres, Gregorio y Manuel Choque y a I.A., reconviniéndolos para qué mataron a un muchacho tierno poniéndolo en ese estado machucado, pues ahora que se lo coman que para eso lo harían así, mandando ponerlos juntos con las terserolas, y por no perder la vida comieron naturalmente carne humana" (63).

18. EL NEOTOMISMO HISPÁNICO

Algunos pensadores españoles cuya obra se estudiaba en la Universidad de Chuquisaca, alimentaron las ideas independentistas. "Cuando estuviese esto hecho —manifestaba uno de ellos, Bartolomé de Carranza, ya en el siglo XVII—, es decir cuando se haya superado la barbarie e incorporado a los pueblos indios a la civilización cristiana, y se encuentre la tierra llana, que es tanto como decir en paz y justicia, España deberá dejar aquellos pueblos en su primera y propia libertad, porque ya no necesitarán de tutor."

También Juan Pablo Viscardo y Guzmán, sacerdote jesuita quien en 1721, en su "Carta a los Españoles-Americanos", tomando el partido de los nativos manifestaba que la historia de América se reducía a cuatro palabras: "ingratitud, injusticia, esclavitud y desolación". Los colonos ibéricos, asentados en tierra americana, por la gran distancia existente hasta la metrópoli, fueron tomando, según dicho autor, un "estado de independencia natural". Decía: "El Nuevo Mundo es nuestra patria, su historia es nuestra". Más adelante, aseguraba, sin ambages: "Guiados por un entusiasmo ciego, no hemos caído en la cuenta que tanta obsecuencia para con un país que nos es extraño, al que no debemos nada, del que no dependemos y del que nada esperamos, resulta una cruel traición para con este otro, en el que hemos nacido y que nos da alimentos a nosotros y a nuestros hijos".

La tesis neotomista del humanismo jesuítico era expresada por Viscardo con estas palabras: "Ésta (la verdad) nos enseña que toda ley que se oponga al bien universal es un acto de tiranía, y que exigir su observancia equivale a la esclavitud".

"Así mientras que en la Corte, en los ejércitos y los tribunales de la monarquía, se prodigan riquezas y honores a los extranjeros de todas las denominaciones, sólo nosotros somos declarados indignos de ello; somos declarados incapaces de llenar, aun en nuestra patria, empleos que, por riguroso derecho, nos pertenecen exclusivamente" (93).

Tercera parte

1. "BIZARROS PATRIOTAS CAMPESINOS"

Martín Güemes y sus gauchos se habían constituido en una verdadera pesadilla para los ejércitos españoles, los que no podrían traspasar ese "tapón" (que al este contaba con la eficaz colaboración del marqués de Yavi), impidiendo así su avance hacia Buenos Aires para aplastar la revolución independentista, aun después de las derrotas de Huaqui, Ayohúma o Sipe-Sipe, que desmantelaron a nuestros ejércitos.

En una comunicación a Gervasio de Posadas, San Martín escribía: "Los gauchos de Salta, solos, están haciendo al enemigo una guerra de recursos tan terrible que lo han obligado a desprenderse de una división con el solo objeto de extraer mulas y ganado". El Director Supremo, desde Buenos Aires, en respuesta le encargaría felicitar "a los bizarros patriotas campesinos", pudoroso de utilizar la palabra "gauchos" por su supuesta connotación peyorativa (65).

Güemes era hijo de un alto funcionario criollo y nieto de un general español, perteneciente a una familia acomodada de Salta. Lo caracterizaría su personalidad independiente que lo llevaría, a pesar de su extraordinario coraje y talento estratégico, a colisionar reiteradamente con sus superiores, Balcarce, Pueyrredón, Díaz Vélez. Hasta Belgrano, molesto por su altivez y franqueza, solicitaría su traslado al ejército de la Banda Oriental, de donde lo rescató el perspicaz San Martín, devolviéndolo como teniente coronel al Ejército del Norte. Le encargó aquello que Güemes mejor sabía hacer: la formación de partidas irregulares para llevar adelante la "guerra de recursos".

Sus montoneras estaban formadas por paisanos de baja extracción social con quienes a pesar de su origen patricio el caudillo salteño tenía una gran comunicación. Se decía que se esforzaba por adoptar las maneras, la forma y los estilos de sus gauchos, que lo adoraban hasta entregar su vida si Güemes se los pedía. Adoptaba también su forma de vestir aunque los materiales fuesen refinados, hasta lujosos, destacándose sus bombachas de seda.

Para la causa española era indispensable la desaparición de Güemes y sus gauchos; había sido imposible lograrlo enviando ejércitos en su contra, los que no sólo habían sido derrotados sino también burlados y denigrados. "Los valientes salteños, y principalmente los gauchos (nombre que se hizo honroso entonces) acaudillados por Güemes, les abandonaron las poblaciones y les opusieron en la campaña una resistencia heroica. No tenían los invasores más terreno que el que materialmente pisaban, y aunque la caballería del ejército real había hecho considerables adelantos, no por eso fue más feliz esa guerra de detalle a que eran provocados sin cesar. En un combate regular era indisputable la superioridad de la caballería española; pero, después de agotar sus fuerzas ensayando cargas sobre unas líneas débiles, que se les escapaban como sombras fugitivas, concluían por haber sufrido pérdidas considerables en esas interminables guerrillas, sin haber obtenido ventaja alguna" (35).

2. BELGRANO, UN ESTRATEGA CUESTIONADO

El general Pezuela, militar de experiencia y de probadas condiciones, informó al virrey Abascal luego de sus triunfos frente a los ejércitos revolucionarios:
"Las tropas de Buenos Aires presentadas en Vilcapugio y Ayohúma, es menester confesar que tienen una disciplina, una instrucción y un aire y despejo natural como si fuesen francesas (el mayor elogio en aquellos años napoleónicos). Pero si las mandan Belgrano o Díaz Vélez serán sacrificadas; estos caudillos no supieron hacer el menor movimiento cuando obligándoles yo a variar su primera posición, no se dieron disposición de tomar las alturas" (83).

También José María Paz, a pesar del afecto y del respeto que evidencia hacia Belgrano, es muy crítico:
"El general Belgrano en Ayohúma no debió con tanta anticipación ocupar el campo que había elegido, revelando de este modo sus intenciones, pudo situarse a corta distancia y, en el momento preciso, tomar la iniciativa y batir al enemigo, según lo deseaba. Pezuela nos presentó la más bella ocasión de vencerlo, bajando tan lenta como estúpidamente una cuesta que era un verdadero desfiladero, ante nuestra presencia; si en esos momentos es atacado, es más que probable que hubiera sido deshecho. El general Belgrano no se movió, por esperarlo en el campo de su elección. Más tarde, el enemigo se colocó casi a nuestra derecha, destacando una fuerza a flanquearnos, y el plan de nuestro general se trastornó del todo: demasiadamente aferrado en su idea, no pudo salir del círculo que él mismo se había ceñido" (79).

Ambas derrotas significaron una vez más la pérdida del Alto Perú, como antes Huaqui y después Sipe-Sipe. Belgrano debió replegarse a Jujuy. "Estamos como al principio", escribiría desalentado a fines de 1813 (14, 19, 23, 89, 101).

3. LA LEALTAD DEL ALTO PERÚ

Algunos historiadores latinoamericanos pretenden que la lucha de los caudillos altoperuanos tuvo desde un principio como objetivo su segregación de las Provincias Unidas del Río de La Plata.

Ello es falso y queda demostrado permanentemente en los documentos de aquella época en los que aparece como constante la subordinación de quienes luchaban en las llamadas "provincias interiores" del Río de La Plata a la metrópoli porteña.

Es así que el Tambor Vargas, en su diario, cuenta que cuando un tal capitán Moreno saqueó Paria, lo que más preocupaba a su comandante fue cómo explicar tal indisciplina a sus superiores en el Río de La Plata. Asimismo cuando el comandante Lira fue asesinado por otro oficial, el comandante Fajardo, recientemente designado, se mostró muy inquieto acerca de lo que dirían los principales jefes en Buenos Aires y si éstos excusarían un acto tan atroz cometido en la división de Ayopaya, bajo su mando.

"Cualquier pensamiento de acción independiente de las Provincias Unidas era inconcebible. Así como la palabra Patria fue usada repetidamente, así abundan las referencias a los superiores en Buenos Aires y Salta" (15, 63, 65).

4. CORRUPCIÓN EN LAS FILAS PATRIOTAS

Potosí, con su impresionante historia de riqueza minera que había sostenido a varias cortes europeas, despertaba aún la codicia de monárquicos e independentistas que en ella entraban, aunque el salvajismo de las mitas y yanaconazgos había terminado por agotar sus vetas de plata.

Rondeau había dado orden de confiscar todo lo que se pudiera hallar.

"El coronel Daniel Ferreira llegó a la casa donde tenía sus sesiones el tribunal, en los momentos en que se hacía el lavatorio del dinero. Esto era presenciado por el coronel Quintana, presidente del tribunal, quien le dijo: 'Ferreira, ¿por qué no toma usted algunos pesos?' Éste, aceptando el ofrecimiento, estiró su gigantesco brazo, proporcionado a su estatura, y con tamaña mano tomó cuanto podía abarcar. Quintana repitió entonces '¿Qué va usted a hacer con tan poco?; tome usted más'. Entonces Ferreira, extendiendo su amplio pañuelo, puso en él cuanto podía cargar, algunos cientos. Estoy persuadido de que Quintana juzgaba que era un acto de perfecta justicia remunerar de este modo a un buen soldado, a un honrado patriota, como era Ferreira, y éste quedó muy agradecido y encomiaba la generosidad del coronel Quintana.

"Con más generosidades como ésta, con lo que sustraerían los peones conductores, los cavadores, los agentes subalternos y algunos más, ¿qué extraño es que el caudal, cuando hubo de entrar en arca, hubiese disminuido notablemente? Se dijo que faltaba más de la mitad" (79).

5. EL CURA GUERRILLERO

En las batallas altoperuanas por nuestra independencia participaron no solamente hombres sino también mujeres, como las mártires de la Coronilla o el caso individual de doña Juana Azurduy.

También combatieron en el bando rebelde aristócratas de la nobleza española como el marqués de Yavi.

Otro caso resaltable fue el del presbítero Ildefonso Escolástico de las Muñecas, nacido en San Miguel de Tucumán, quien llegó a ser cura rector de la Catedral del Cuzco.

Ya en 1809, en el levantamiento de La Paz, se había decidido por la Revolución Americana, y luego en 1814 tuvo activa participación en el alzamiento del cacique Pumacahua, cuyo infortunado desenlace lo obligó a buscar refugio en la inhóspita región montañosa de Larecaja.

Allí desarrolló una vigorosa acción guerrillera, sublevando en masa a las multitudes de esa región de probada tradición revolucionaria, a las que conducía en su doble condición de caudillo y sacerdote.

Cuando en 1815 el tercer ejército auxiliar argentino al mando de Rondeau se internó en el altiplano, el cura Muñecas fue uno de los muchos jefes locales que le prestaron apoyo. Junto con los caudillos Monrroy, Carriere y Carrión, dirigiendo una tropa numerosa de indios y criollos, impidió que los realistas traspasaran el río Desaguadero. Finalmente la superioridad numérica, estratégica y en armamento de sus enemigos los deshicieron en los altos de Paucarkolla; Monrroy al verse perdido se suicidó de un pistoletazo en tanto que Carrión, Carriere y otros cinco jefes revolucionarios fueron hechos prisioneros, fusilados y sus cabezas expuestas en picas a la vera del camino hacia La Paz, como escarmiento.

El cura Muñecas logró escapar y en muy poco tiempo había reorganizado sus fuerzas con las que luego de sucesivos encontronazos con las tropas realistas quedó dueño de una vasta región al norte y al este del lago Titicaca.

Para el virrey Pezuela se transformó en una exigencia de primer orden el destruir a este caudillo que les impedía avanzar sobre las provincias argentinas sin dejar al descubierto su retaguardia. Para ello fue destacado un poderosísimo ejército al mando del coronel Agustín Gamarra que logró cercar al cura Muñecas al pie del nevado de Sorata y lo batió aplastantemente en Colocolo, y procedió luego a pasar por las armas a todos los prisioneros.

Nuevamente logró escapar Muñecas aprovechando su conocimiento de la tortuosa geografía de la zona, pero fue prontamente denunciado por un indio compadre, y cayó en manos de las fuerzas españolas junto con los 30 fieles que aún lo acompañaban, quienes fueron fusilados de inmediato.

El cura fue conservado con vida y el capitán limeño Pedro Salar recibió orden de trasladarlo ante la presencia de Pezuela en Cuzco, donde iba a ser degradado y ahorcado. Pero en el camino, cerca de Tiahuanacu, fue asesinado por la espalda por indicación de Salar, seguramente cumpliendo órdenes superiores.

El cadáver del sacerdote fue rescatado por algunos indios que lo veneraban y enterrado en la capilla de Huaqui.

Vale la pena registrar su proclama en Larecaja, al incorporarse a la guerra de partidarios:

"Ya tenéis reunidos a tan sagrada causa todos los pueblos de la Provincia, pero esta capital no contenta con esto, quiere que todos los demás pueblos americanos disfruten de igual beneficio; para este efecto he dispuesto una Expedición Auxiliadora de hombres decididos a preferir la muerte a una vida ignominiosa.

"Compatriotas, reuniros todos; no escuchéis a nuestros antiguos tiranos, ni tampoco a los desnaturalizados, que acostumbrados a morder el fierro de la esclavitud, os quieren persuadir que sigáis su ejemplo; echaos sobre ellos, despedazadlos, y haced que no quede aún memoria de tales monstruos.

"Así os habla un cura eclesiástico que tiene el honor de contribuir en cuanto puede en beneficio de sus hermanos americanos" (10, 15, 20).

6. "SACRIFICIOS OSCUROS Y DELIBERADOS"

La guerra de guerrillas (o "de partidarios", como allí entonces se la denominaba) de los caudillos del Alto Perú es una página de nuestra historia digna de admiración.

"Es ésta una de las guerras más extraordinarias por su genialidad, la más trágica por sus sangrientas represalias y la más heroica por sus sacrificios oscuros y deliberados. La humildad de sus caudillos, de sus combatientes y de sus mártires ha ocultado por mucho tiempo su verdadera grandeza, impidiendo apreciar, con perfecto conocimiento de causa, su influencia militar y su adelanto político.

"Como esfuerzo persistente que señala una causa profunda ella duró quince años, sin que durante un solo día se dejase de pelear, de morir o de matar en algún rincón de aquella elevada región mediterránea. La caracteriza moralmente el hecho de que sucesiva o alternativamente, figuraron en ella ciento dos caudillos, más o menos oscuros, de los cuales sólo nueve sobrevivieron a la lucha, pereciendo los noventa y tres restantes en los patíbulos o en los campos de batalla, sin que uno solo capitulase, ni diese ni pidiese cuartel en tan tremenda guerra. Su importancia militar puede medirse más que por sus batallas y combates, por la influencia que tuvo en las grandes operaciones militares, paralizando por más de una vez la acción de los ejércitos poderosos y triunfantes" (65).

Entre los jefes más destacados cabe resaltar en Abapó a Juan Manuel Mercado, en Ayopaya a José Miguel Lanza, en Chuquisaca a José Antonio Álvarez de Arenales, en Larecaja al cura Muñecas, en Mizque a Vicente Umaña, en Santa Cruz de la Sierra a Ignacio Warnes, en Tarija a José

Francisco Uriondo y Manuel Rojas, en Tomina a Manuel Ascencio Padilla y Juana Azurduy de Padilla, en La Paz a José Miguel Lanza, en Salta y Jujuy a Martín de Güemes (21, 65).

7. LA NOBLEZA DE PADILLA

Las tropas argentinas sufrieron una grave derrota en Sipe-Sipe bajo la conducción del general Rondeau, quien había sido desplazado del Ejército de la Banda Oriental, a punto de obtener la victoria decisiva, por imposición del entonces Director Supremo, Gervasio Posadas, para que fuese su sobrino Alvear quien se quedase con las palmas triunfales. Quizá su abatido ánimo influyera para que le dijeran "mamá" o el "buen José", por la blandura que Rondeau evidenciaba ante sus subordinados, aunque no es de descartar alguna sibilina sugerencia sobre su sexualidad.

Las tropas "abajeñas" de Rondeau habían recibido el valiosísimo apoyo de algunos de los más importantes caudillos "arribeños", quienes habían engrosado sus fuerzas con divisiones valerosas y probadas en la lucha contra los realistas. Pero estos jefes se vieron sometidos a la humillación de ser apartados de la conducción de tropa, seguramente debido a que el jefe "abajeño" buscó evitar la anarquía en su ejército, desconfiando de quienes estaban habituados a la eficaz informalidad de la "guerra de partidarios".

En plena huida Rondeau envió un oficio a Manuel Ascencio Padilla, el 7 de diciembre de 1815, al pasar por Chuquisaca, en el que con inaudita insolencia lo instaba a "redoblar sus esfuerzos para hostilizar al enemigo". Es decir, que cuidara sus fugitivas espaldas...

El gran caudillo altoperuano le responde altivamente el 21 del mismo mes desde La Laguna, donde ha vegetado varias semanas, tascando el freno por la decisión del jefe porteño de prescindir de sus servicios, tras haber sufrido la masacre de sus huestes por tan inepta conducción.

"Señor General:

En oficio de 7 del presente mes, ordena U.S., hostilice al enemigo de quien ha sufrido una derrota vergonzosa: lo haré como he acostumbrado hacerlo en más de 5 años por amor a la independencia, por la que los altoperuanos privados de sus propios recursos no han descansado en 6 años de desgracias, sembrando de cadáveres sus campos, sus pueblos de huérfanos y viudas, marcados con el llanto, el luto y la miseria; errantes los habitantes de 48 pueblos que han sido incendiados; llenos los calabozos de hombres y mujeres que han sido sacrificados por la ferocidad de sus implacables enemigos; hechos el oprobio y el ludibrio del Ejército de Buenos Aires, vejados, desatendidos sus méritos; insolutos sus créditos y en fin el hijo del Alto Perú mirado como enemigo, mientras el verdadero enemigo español es protegido y considerado; sí señor, ya es llegado el tiempo de dar rienda suelta a los sentimientos que abrigan en su corazón los habitantes de los Andes, para que los hijos de Buenos Aires hagan desaparecer la rivalidad que han introducido adoptando la unión y confundiendo el vicioso orgullo, autor de nuestra destrucción.

"La justicia de nuestra causa y nuestros sacrosantos derechos vivifican nuestros esfuerzos y nivelan nuestras operaciones contra esta generalidad de ideas. El gobierno de Buenos Aires manifestando una desconfianza rastrera ofendió la honra de estos habitantes, las máximas de una dominación opresiva como la de España, han sido adoptadas con aumento de un desprecio insufrible; la prueba es impedir todo esfuerzo activo a los altoperuanos, que el ejército de Buenos Aires con el nombre de auxiliador para la patria se posesiona de todos estos lugares a costa de la sangre de sus hijos, y hace desaparecer sus riquezas, niega sus obsequios y generosidad.

"Los altoperuanos a la distancia sólo son nombrados para ser zaheridos. ¿Por qué haberme destinado al mando de esta Provincia amiga sin los soldados que hice entre las balas y los fusiles que compré a costa de torrentes de sangre? ¿Por qué corrió igual suerte el benemérito Camargo mandándolo a Chayanta de Subdelegado dejando sus soldados y armas para perderlo todo en Sipe-Sipe? ¿Olvídase muy en buena hora el empeño del Alto Perú y sus revoluciones de tiempos inmemorables para destruir la Monarquía? Si Buenos Aires es el autor de esa revolución, ¿para qué comprometernos y privarnos de nuestra defensa? El haber obedecido todos los altoperuanos ciegamente, el hacer sacrificios inauditos, haber recibido con obsequio a los Ejércitos de Buenos Aires, haberles entregado su opulencia, unos de grado y otros por fuerza, haber silenciado escandalosamente saqueos, haber salvado los ejércitos de la patria, ¿son delitos? ¿A quiénes se debe el sostén de un Gobierno que nos acuchilló? ¿No es a los esfuerzos del Alto Perú que ha entretenido al enemigo, sin armas por privarle de ellas los que se titulan sus hermanos de Buenos Aires?

"Y ahora que el enemigo ventajoso inclina su espada sobre los que corren despavoridos y saqueando, ¿debemos salir nosotros sin armas a cubrir sus excesos y cobardía? Pero nosotros somos hermanos en el calvario y olvidados sean nuestros agravios, abundaremos en virtudes.

"Vaya U.S. seguro de que el enemigo no tendrá un solo momento de quietud. Todas las provincias se moverán para hostilizarlo; y cuando a costa de hombre nos hagamos de armas, los destruiremos para que U.S. vuelva entre sus hermanos. Nosotros tenemos una disposición natural para olvidar las ofensas: quedan olvidadas y presente. Recibiremos a U.S. con el mismo amor que antes; pero esta confesión fraternal, ingenua y reservada, sirva en lo sucesivo para mudar de costumbre, adoptar una política juiciosa, traer oficiales que no conozcan el robo, el orgullo y la cobardía. Sobre estos cimientos sólidos levantaría la patria un edificio eterno. El Alto Perú reducido primero a cenizas que a la voluntad de los españoles. Para la patria son eternos y abundantes sus recursos, U.S. es testigo. Para el enemigo está almacenada la guerra, el hambre y la necesidad, sus alimentos están mezclados con sangre y, en habiendo unión, para lo que ruego a U.S. habrá Patria.

"De otro modo los hombres se cansan y se mudan. Todavía es tiempo de remedio: propende U.S. a ello si

Buenos Aires defiende la América para los americanos y sino... Dios guarde a U.S. muchos años.
 Laguna, Diciembre 21-1815
 Manuel Ascencio Padilla"
 Una carta conmovedora, despiadada y nobilísima (23).

8. ALVEAR, NEGOCIACIONES Y ESCÁNDALO

Si bien la Argentina había renunciado inauditamente a su unidad política con el Alto Perú, facilitando la maniobra independentista de Sucre, eran indisputables sus derechos a la rica región agrícola-ganadera de Tarija, desde hacía ya tiempo unida a Salta.

Bolívar, durante su única visita a la nueva República que llevaba su nombre, dio instrucciones para que no se desconocieran tales derechos, pero en cuanto se hubo alejado, Sucre, que pensaba "en colombiano", en anuencia con un grupo relevante de tarijeños, urdió una maniobra para desconocer lo decidido por don Simón, quien pensaba "en hispanoamericano".

Los ministros designados por una y otra parte para tan arduas negociaciones fueron José María Serrano y Carlos María de Alvear.

Durante su estadía en Chuquisaca, con la complicidad del joven hijo de Díaz Vélez, su colaborador en la misión diplomática, el ministro plenipotenciario de la Argentina escalaba por las noches el muro del Convento de las Mónicas, para sostener un ardoroso lance amoroso con una de las monjas recluidas.

El asunto fue descubierto e imaginable es el escándalo que estalló. Fue de tal virulencia que obligó al mismo mariscal Sucre a poner manos en el asunto ayudando a Alvear a volver a la Argentina subrepticiamente y de escape el 17 de enero de 1826.

La monja era hermana de José María Serrano, el plenipotenciario boliviano.

El territorio de Tarija se perdió para la República Argentina (1, 3, 28, 31, 61).

9. LA ASTUCIA DEL ENEMIGO

Las tropas patriotas debieron enfrentar generalmente a inteligentes, avezados y valerosos jefes del ejército español.

Pezuela, por ejemplo, luego de derrotar a Rondeau en Venta y Media, intuyó acertadamente que si bien su adversario parecía dirigirse a Oruro su verdadera meta era Cochabamba, donde planeaba reforzar su diezmada tropa, especialmente la caballería.

El general español, que se había hecho muy ducho en los difíciles terrenos del altiplano, avanzó paralelamente al ejército revolucionario, adelantándose. Luego viró en redondo y esperó, cortándole el insoslayable camino.

A Rondeau no le quedaba entonces otra alternativa que regresar hacia Potosí o Chuquisaca, forzando a sus agotadas tropas a realizar una travesía imposible, casi sin víveres y sin caballos, o enfrentar a un ejército mucho mejor equipado, mejor dispuesto en el campo y considerablemente más numeroso. Hubo combate y el sagaz Pezuela destrozó a su enemigo en Sipe-Sipe.

Siendo ya virrey, este buen estratega impartió al también aquilatado comandante De la Serna instrucciones para aplastar la sublevación rioplatense.

Para ello debía tomar Tucumán, empresa que no parecía ofrecer dificultades luego de las sucesivas debacles de los ejércitos patriotas en el Norte argentino. Esta primera fase se completaba con el reforzamiento de sus líneas de comunicaciones con el Alto Perú y estableciendo en aquella ciudad una base de operaciones adecuada a la ambiciosa maniobra futura. La segunda fase de la operación debía llevarse a cabo avanzando —según mejor conviniera— por Catamarca hacia Mendoza, o por Córdoba, para atraer al Ejército de los Andes; ello permitiría que los realistas de Chile, aprovechando el verano, invadieran Cuyo. Operada la reunión de los españoles de Chile y el Alto Perú, el objetivo siguiente debía ser Buenos Aires para que en combinación con Montevideo, se ahogara en su cuna la revolución.

Este plan de operaciones era en teoría muy correcto y fijaba claramente los objetivos sucesivos a conquistar.

Además Pezuela y De la Serna sabían cómo derrotar a las tropas regulares argentinas. Lo habían hecho y lo volverían a hacer. Pero nunca pudieron resolver tácticamente su confrontación con los caudillos altoperuanos y los gauchos salteños, que finalmente los desgastaron obligándolos a retroceder derrotados.

"Así terminó esta ofensiva, la más completa como resultado militar, la más original por su estrategia, su táctica y sus medios de acción, y la más hermosa como movimiento de opinión patriótica y desenvolvimiento viril de fuerzas, de cuantas en su género puede presentar la historia del nuevo mundo" (65).

10. INSTRUCCIONES RESERVADAS

La orden impartida por Moreno a Ortiz de Ocampo y a Vieytes, que avanzaban hacia el Alto Perú, era clara: "Que sean arcabuceados Santiago Liniers, el obispo Orellana, el intendente de Córdoba Gutiérrez de la Concha, el coronel de milicias Allende, el oficial real Moreno y don Victoriano Rodríguez en el mismo momento en que todos o cada uno de ellos sean pillados. Sean cuales fueren las circunstancias se ejecutará esta resolución sin dar lugar a demoras que pudiesen promover ruegos y relaciones capaces de comprometer el cumplimiento de esta orden".

Fue el deán Funes quien había denunciado, luego de participar en las primeras reuniones, a Liniers y los otros como conspiradores en contra de la Junta de Buenos Aires.

El prestigio de Liniers, héroe de la resistencia contra el invasor inglés, era grande. Ocampo y Vieytes vacilaron en cumplimentar las instrucciones en razón de que era "prudente conciliar la indispensable ejecución con las ideas exteriores de suavidad paternal que es necesario mantener", como argumentaban en su comunicación a la Junta del 1º de agosto de 1810.

Furioso, Moreno escribe algunos días más tarde a Chiclana, designado Gobernador de Salta: "Pillaron nuestros hombres a los malvados pero respetaron sus galones y cagándose (sic) en las rigurosísimas órdenes de la Junta pretenden remitirlos presos a esta ciudad. Veo vacilante nuestra fortuna por hechos de esta índole".

Ocampo y Vieytes son cesados fulminantemente y sustituidos por Balcarce y Castelli, quienes cumplen, el 26 de julio, con la orden de fusilar a los conspiradores.

La comunicación del suceso publicada en la *Gaceta* del 11 de octubre, no fue menos terminante: "Un eterno oprobio cubrirá las cenizas de don Santiago Liniers y la posteridad más remota verterá execraciones contra este hombre ingrato que tomó a su cargo la ruina y exterminio de un pueblo". También lo trata de "áspid" y "pérfido" e incita a que "todos los hombres deben tener interés en el exterminio de los malvados que atacan el orden social".

No es Moreno el único responsable de esta estrategia del terror ya que las instrucciones llevan la firma de todos los integrantes de la Junta y los manuscritos que se conservan dejan reconocer las letras de Azcuénaga y de Belgrano.

Castelli recibió también instrucciones reservadas el 12 de septiembre y el 18 de noviembre, que en alguna medida lo disculpan de las tropelías que sus tropas cometieron en el Alto Perú: "En la primera victoria dejará V.E. que los soldados hagan estragos en los vencidos para infundir terror en los enemigos".

También se le instruye que Nieto, Córdova, Sanz, Goyeneche, máximas autoridades en Potosí, "deben ser arcabuceados en cualquier lugar que cada uno sea habido".

El jacobinismo de Moreno llegaba al extremo de también ordenar represalias contra el canónigo Matías Terrasas, catedrático y rector universitario que le había abierto generosamente el acceso a su biblioteca, cuando estudiaba en Chuquisaca, donde Moreno había entrado en contacto con los únicos ejemplares existentes de la Enciclopedia y de los pensadores franceses que tanto lo influyeron.

Castelli cumplió al pie de la letra lo encomendado, mereciendo el encomio de sus superiores: "La Junta aprueba el sistema de sangre y rigor que V.S. propone contra los enemigos y tendrá V.E. particular cuidado en no dar un paso adelante sin dejar a los de atrás en perfecta seguridad".

La conducta de Moreno y de Castelli ha sido criticada por muchos pero también defendida por no pocos, entre estos últimos Nicolás Rodríguez Peña, quien explicaba en una carta a Vicente Fidel López:

"Castelli no era feroz ni cruel, Castelli obraba así porque estábamos comprometidos a obrar así todos (...) Lo habíamos jurado y hombres de nuestro temple no podían echarse atrás (...) ¿Que fuimos crueles? ¡Vaya con el cargo! (...) Salvamos a la patria como creímos que debíamos salvarla. ¿Había otros medios? Quizá los hubiera. Nosotros no los vimos ni creímos que los hubiese" (3, 15, 23, 42, 95).

11. EL GENIO MILITAR DE SAN MARTÍN

Cuando San Martín se hizo cargo del Ejército del Norte se dio cuenta de que una nueva expedición, que hubiese sido la tercera, muy probablemente desembocaría en otro fracaso. Aunque los anteriores jefes habían sido militares inexpertos como Balcarce, Castelli, Belgrano, era evidente que la toma de Lima a través de terrenos tan difíciles como los altoperuanos era prácticamente imposible.

"La guerra de la independencia sudamericana presenta una fisonomía particular que la diferencia notablemente de las guerras europeas contemporáneas. La enorme extensión de los teatros de operaciones y del teatro de la guerra en general, las características especiales del terreno, la pobreza de recursos y la extraordinaria longitud de las líneas de operaciones, hacen de ella una guerra de procedimientos especiales, de recursos distintos y en la que los más insignificantes factores adquieren importancia decisiva" (75).

El genio militar de don José concibió una estratagema arriesgadísima, que en su criterio era la única posible: tomar Lima desde el mar.

"No se felicite con anticipación de lo que yo pueda hacer en ésta (Salta); no haré nada, y nada me gusta aquí. La patria no hará camino por este lado que no sea una guerra defensiva y nada más; para eso bastan los valientes gauchos de Salta con dos escuadrones de buenos veteranos (...) Ya le he dicho a usted mi secreto: un ejército pequeño y bien disciplinado en Mendoza para pasar a Chile y acabar allí con los godos apoyando un gobierno de amigos sólidos para concluir también con la anarquía que allí reina. Aliando las fuerzas pasaremos por el mar a tomar Lima: ése es el camino y no éste". (Carta a Rodríguez Peña, 23 de abril de 1814.) (63).

Lo cierto es que la decisión de San Martín de obviar el Alto Perú fue lo que abrió el camino para que estas tierras ricas y promisorias, abandonadas a su suerte por el Río de la Plata y condenados sus jefes guerrilleros al casi total exterminio por la ahora impune represión española, optaran finalmente por su independencia.

Esta situación se agravó más tarde cuando al renunciar San Martín a la conducción de los ejércitos en beneficio de Simón Bolívar facilitó que fueran las tropas colombianas al mando del general Sucre quienes libertaran definitivamente las hasta entonces "tierras altas" de las Provincias Unidas del Río de la Plata.

Para retirarse del Ejército del Norte, San Martín finge estar enfermo, aunque cronistas de la época refieren que efectivamente padeció vómitos de sangre, lo que podría haber sido aprovechado como excusa.

El 27 de abril se desplaza a una estancia en Córdoba "para tratar sobre el estado de mi salud", como informa al gobierno. Muy pronto solicitará que se lo nombre gobernador-intendente de Cuyo (3, 66, 75, 82, 97, 111, 116).

12. MÉRITOS E IMBECILIDADES

"Las guerras se ganan más por imbecilidades del adversario que por méritos propios."

Maquiavelo

13. UN ELOGIO "GODO"

El general español García Camba, quien participó en las peripecias altoperuanas, opinaba sobre Güemes en sus *Memorias*.

"Los gauchos eran hombres del campo, bien montados y armados todos de machete o sable, fusil o rifle (carabina de caballería), de los que se servían alternativamente sobre sus caballos con sorprendente habilidad, acercándose a las tropas con tal confianza, soltura y sangre fría que admiraban a los militares europeos, que por primera vez observaban aquellos hombres extraordinarios a caballo, y cuyas excelentes disposiciones para la guerra de guerrillas y sorpresa tuvieron repetidas ocasiones de comprobar. Eran individualmente valientes, tan diestros a caballo que igualan, si no exceden, a cuanto se dice de los célebres mamelucos y de los famosos cosacos, porque una de las armas de estos enemigos consistía en su facilidad para dispersarse y volver de nuevo al ataque, manteniendo a veces desde sus caballos y otras veces echando pie a tierra y cubriéndose con ellos, un fuego semejante al de una buena infantería" (50).

De Güemes, el jefe de los gauchos, Bartolomé Mitre escribió "que no había dado pruebas de su valor personal, que huía del peligro y que nunca conducía sus soldados al fuego manteniéndose constantemente lejos de los combates, lo que en nada disminuía su prestigio" (65).

Según José María Paz dicha actitud precavida del líder salteño habría tenido razón en lo que él llamaba la "depravación humoral del físico de Güemes" (¿hemofilia?), por lo que su médico y amigo, el Dr. Redead, le había anunciado que cualquier herida que recibiese le sería mortal (79).

Comprendido esto por sus gauchos, puede explicarse por qué su costumbre de alejarse de los campos de batalla no lo perjudica ante sus hombres, ninguno de los cuales suponía a Güemes privado de valor personal (19, 32, 50, 65, 79).

14. DISPOSICIÓN HUMANITARIA

"La Asamblea General sanciona el decreto expedido a la Junta Provincial Gubernativa de estas provincias en 1º de septiembre de 1811, relativo a la extinción del tributo, y además (declara) derogada la mita, las encomiendas, el yanaconazgo, y el servicio personal de los indios baxo todo respecto, y sin exceptuar aun el que prestan a las iglesias, y sus párrocos, ó ministros; siendo la voluntad de esta Soberana Corporación, el que del mismo modo se les haya, y tenga a los mencionados indios de todas las provincias unidas por hombres perfectamente libres, y en igualdad de derechos a todos los demás ciudadanos que las pueblan, debiendo imprimirse y publicarse este Soberano decreto en todos los pueblos de las mencionadas provincias, traduciéndose al efecto fielmente en los idiomas Guaraní, Quichua, y Aymará, para la común inteligencia". Disposición de Castelli en Chuquisaca, 1811 (3, 101).

15. SI DORREGO HUBIERA COMBATIDO...

En los tristes y angustiados comentarios *a posteriori* de la derrota en Vilcapugio, Belgrano opinó que si Dorrego hubiera estado al mando del Batallón de Cazadores seguramente la batalla no se hubiera perdido. Fueron justamente el desorden y la confusión por carencia de mando del ala derecha lo que desniveló la contienda.

¿Por qué Dorrego estaba en ese momento en Jujuy sometido a juicio militar por instrucciones del mismo Belgrano?

Dorrego era adepto a las bromas pesadas y llevando ya varias semanas de inmovilidad en Humahuaca, luego de la victoria de Salta, quizás aburrido, decidió provocar la discordia entre dos de sus mejores oficiales y los excitó de tal forma que los dos jóvenes, que se habían batido bizarramente en el campo de batalla, se desafiaron a duelo.

Es posible que Dorrego hubiera previsto detenerlos a tiempo pero lo cierto es que el duelo se produjo y con tal ferocidad que ambos promisorios oficiales quedaron inválidos para el resto de sus días.

Esta conducta fue la que castigó Belgrano y, de creer en sus quejas, lo que inclinó la balanza en una de las páginas negras de nuestra historia (79).

16. EL NOMBRE DE LA CALLE FLORIDA

Un estudioso del arte y la ciencia militar, el coronel Emilio A. Bidondo, describe una de las tantas batallas altoperuanas, la de "La Florida":

"Las fuerzas patriotas que intervinieron en la acción se aprecian en el orden de unos mil hombres, de los cuales trescientos fueron aportados por Warnes y el resto por Arenales.

"Las fuerzas realistas estaban al mando del coronel José Joaquín Blanco, hábil profesional y de un carácter y valentía similar a sus oponentes, que conocía la guerra de esta región de la América y en la cual se había distinguido; sus efectivos sumaban unos mil doscientos hombres, seiscientos veteranos de infantería, quinientos jinetes y dos piezas de artillería de calibre 4.

"La zona donde se libró la acción era montuosa, salvo algunos descampados en las inmediaciones del pueblo de La Florida, y en las adyacencias de las orillas barrancosas (más o menos dos metros de altura) del río Piray.

"La vanguardia patriota —unos pocos jinetes— a órdenes del Comandante Mercado se ubicó en un pequeño descampado en el borde del monte existente en el linde norte del pueblo; la artillería sobre la barranca sur del curso de agua; la infantería en el borde sur de la playa, disimulado su emplazamiento con ramas y arbustos; en las alas de este dispositivo y un poco a retaguardia de la infantería, las unidades de caballería: a la derecha la del Coronel Warnes y a la izquierda la del Comandante De la Riva, ambas ocultas en el monte marginal y con la orden de entrar en acción —según el criterio de sus jefes— en el momento oportuno y con la misión de rechazar a la caballería enemiga o completar la derrota de la infantería; una reserva atrás del dispositivo, cubierta por el monte, con órdenes de actuar protegiendo especialmente el ala izquierda de la posición patriota. Arenales se hizo cargo de la agrupación de infantería y artillería, reservándose el derecho de la orden de apertura del fuego.

"En la madrugada del 25 de mayo, el coronel Blanco atacó a las avanzadas del comandante Mercado, las que retrocedieron lentamente para incorporarse a la caballería de Warnes como estaba dispuesto. Hasta el mediodía el jefe realista no pudo alcanzar la margen norte del río Piray, sin que su caballería pudiera darle datos ciertos sobre el dispositivo adversario. Pese a ello, emplazó su artillería en dicha margen, pero ya bajo el fuego de la artillería patriota, y en estas condiciones adversas desplegó su propio dispositivo: un fuerte pique de avanzadas sobre la playa, la infantería en el centro y la caballería en las alas; así pudo trasponer el río, vadeable en ese momento en todas sus partes, ordenando el ataque general.

"Mientras ello ocurría, Arenales ordenó pasar al contraataque a la bayoneta, en tanto que Warnes apercibido de la acción favorable se lanzaba a un ataque furioso cargando a la caballería enemiga y a la infantería que trataba de repasar el río; por su parte el Comandante De la Riva hacía lo propio dispersando el ala oeste del dispositivo enemigo. Derrotadas así las fuerzas de Blanco, retrocedieron maltrechas hacia el pueblo, ocupando la plaza del mismo, para intentar allí una resistencia desesperada.

"Fue en estas circunstancias que se presentó en la plaza el coronel Warnes y llamando a grandes voces al coronel Blanco, con quien tenía cuentas que saldar, lo desafió a combate personal. Éste, tan denodado como aquél, respondió al llamado y ambos montados en sus caballos de batalla, se arremetieron sable en mano como en los tiempos medievales.

"La suerte favoreció al jefe patriota; el valiente Blanco, con varias heridas de corte y punta, murió estoicamente como había vivido, sobre su caballo de pelea, y cayó al suelo ya cadáver.

"El propio Arenales —después de la muerte de Blanco— dirigió las persecuciones de los restos de la caballería realista y fue en esas circunstancias que algunos jinetes enemigos volvieron cara y arremetieron contra él lanza en ristre y, aunque mató con su espada a tres de ellos, fue derribado y dejado por muerto con catorce heridas de lanza.

"Los soldados que lo acompañaban lo recogieron moribundo, pero gracias a los cuidados del médico y capellán de sus tropas —Fray Justo Sarmiento— pudo sobreponerse a sus heridas y recobrar su salud.

"En Buenos Aires se celebró con júbilo esta victoria y el gobierno del Supremo Director don Gervasio Antonio Posadas dispuso que la calle más céntrica de la ciudad llevara el nombre de Florida..." (23).

17. LA PATRIA AL MEJOR POSTOR

Es el propio Bolívar en carta al general Santander, fechada en Chuquisaca el 11 de noviembre de 1825, quien revela que el general Alvear, antes de retornar a Buenos Aires, le ha propuesto confidencialmente "la reunión de las repúblicas argentina y boliviana, llevando toda ella mi nombre; él no abandona este proyecto por nada y menos aún de llamarme a fijar los destinos del Río de la Plata; él dice que sin mí su patria vacilará largo tiempo y que, exceptuando cuatro individuos, el gobierno como el pueblo me desean como un ángel de protección".

El general Carlos María de Alvear, quien diez años antes también había propuesto sumisión a Gran Bretaña, cuenta con el monumento más bello e importante de todos los emplazados en la Capital argentina, obra del genial escultor francés Bourdelle (88).

18. EL VERDUGO DE CAUDILLOS

El sagaz, cruel y eficientísimo coronel Javier Aguilera del ejército español, en el lapso de pocas semanas dio muerte a dos inmensos caudillos de las fuerzas americanas, Manuel Ascencio Padilla e Ignacio Warnes, a quienes les cortó la cabeza con sus propias manos para luego exhibirlas al tope de sendas picas, como escarmiento para todos quienes osaran sublevarse contra la Corona.

Encargado de la persecución del primero, consiguió sorprender a sus montoneras durante un descanso, obligándolas a presentar batalla en condiciones desventajosas. La lucha tuvo desgraciados resultados para el caudillo de La Laguna. El combate se llevó a cabo en el Villar, el 14 de septiembre de 1816. El denodado Padilla murió cuando cubría heroicamente la huida de su esposa, Juana Azurduy, que había intervenido valientemente en el combate; Padilla fue entonces herido por un trabucazo y acometido al instante por el sanguinario Aguilera que dio fin con su vida a golpes de sable, mientras obligaba a su único acompañante, el presbítero Molero, a bendecir su acción.

Anoticiado de su éxito, tan decisivo para la suerte de la guerra, el general Pezuela envió a Aguilera a la caza de otro gran caudillo, Ignacio Warnes.

El 21 de noviembre de 1816, en los campos de El Pari, se desarrolló la batalla más sangrienta de toda la guerra de la independencia, pues de 3.000 combatientes que de ambas partes tomaron parte en ella, sólo sobrevivieron 200, ninguno del bando perdedor.

En el fragor de esta encarnizada lucha, Ignacio Warnes, sable en mano, como siempre daba ejemplo de valor a sus hombres, animándolos con sus alaridos e insultando a sus enemigos. En la despareja refriega el valiente coronel cayó herido, y un soldado realista lo atravesó con su bayoneta, siendo finalmente rematado por el mismísimo Aguilera. Su cabeza fue expuesta en una pica en la Plaza Mayor de Santa Cruz, durante cuatro meses, como también había sucedido con Padilla, en La Laguna.

El coronel Aguilera, no conforme con este baño de sangre, mandó ejecutar a unos novecientos pobladores, acusados de ser colaboradores o partidarios del difunto guerrillero (23, 90).

CUARTA PARTE

1. EL CARÁCTER DE BELGRANO

La mejor de las historias es aquella en que sus personajes, igual que las personas de la vida real, son un entresijo de virtudes y defectos.

"Belgrano reunía ciertas ligerezas de carácter para juzgar a los hombres con quienes trataba, que le produjeron equivocaciones muy notables, como se deja entrever en varios pasajes de sus 'Memorias'. Las primeras impresiones tenían en él una influencia poderosa; de modo que si en sus primeras relaciones con una persona aquéllas eran favorables, podía contar ésta por mucho tiempo con la benevolencia del General; y, por el contrario, cuando había formado mal concepto de alguno, por algunos actos que, aunque fuesen reprensibles, no merecían una eterna reprobación, era difícil volver a obtener sus buenas gracias. De aquí resultaba que se dejaba alucinar con mucha facilidad, y hemos visto oficiales, y aun individuos de tropa, que no eran más que charlatanes, que le merecieron un gran concepto de valientes y arrojados. Por ejemplo, cuando quería mandar hombres intrépidos que descubriesen al enemigo, bastaba para captarse su estimación ofrecerse a ir hasta el medio del ejército contrario, sin que después se cuidase mucho de averiguar de si había o no llenado su compromiso, y sin que le trajese mucha responsabilidad la inexactitud de sus noticias. Lo mismo sucedía con un jefe u oficial que en teoría allanaba las dificultades de una operación o que se ofrecía a ir a batir una fuerza enemiga con otra de la mitad de su número. La primera impresión que esta charlatanería había producido en su ánimo era por lo común duradera.

"Tenía también más ligereza que la que era conveniente para expresarse con respecto a un oficial en cuanto a valor, y principalmente cuando se acercaba el momento de una acción lo hemos visto muchas veces herir la susceptibilidad de un hombre delicado, con poco motivo. Si a esto se agrega la falibilidad de sus juicios, en razón de lo que acabo de exponer poco antes, se verá el peligro que había de cometer una injusticia" (79).

2. LA HAZAÑA DE "TAMBO NUEVO"

Debiendo Aráoz de Lamadrid observar una compañía de 50 soldados enemigos acampados en "Tambo Nuevo", destacó a tres de sus mejores hombres (todos sargentos: Mariano Gómez, tucumano, y Santiago Albarracín y Juan Salazar, cordobeses) como "batidores"; éstos, deslizándose entre y como sombras, espiaron a un centinela descuidado junto a once españoles dormidos, y más allá el resto de la compañía integrada por otros cuarenta que también dormían.

Los tres concibieron la audaz idea de ir más allá de las instrucciones recibidas y apoderarse de toda la compañía: mientras uno desarmaba y rendía al incauto centinela, otro se apropió de las armas, y el tercero se plantó en medio de los durmientes y apuntándoles con su arma les intimó rendición con voz estentórea. Consiguieron hacer once prisioneros, pues los demás huyeron y se atrincheraron sin repeler el ataque, suponiendo enfrentarse con fuerzas muy superiores.

Belgrano premió a los tres sargentos de "Tambo Nuevo", que desde entonces quedaron como ejemplo de coraje y astucia.

Pero el destino de estos tres patriotas no les fue propicio: Gómez fue hecho prisionero poco después, sorprendido por una partida realista en Humahuaca, y fusilado por la espalda al ser reconocido por una de las víctimas de aquella noche; Salazar fue herido gravemente en 1814 en una escaramuza en las afueras de Jujuy, a resultas de la cual perdió definitivamente el uso de su brazo derecho, lo que lo condenó a arrastrar una vida de casi mendicidad en Río Segundo,

Córdoba. En cuanto a Albarracín, participó activamente en las dramáticas peripecias fratricidas de nuestra patria, que terminaron por arrancarle la vida en el año 1840 (64, 79, 96).

3. LA "GUERRA DE RECURSOS"

Entre la documentación conservada por Arenales se encontró un parte de San Martín, que también había dirigido a otros importantes caudillos rebeldes:

"Partiendo del principio de que la 'guerra de recursos' es la más afligente, y de la que se saca mejor partido, especialmente por tropas nuevas y sin una perfecta disciplina, procurará no empeñar jamás una acción general con toda la fuerza de su mando; y sí sólo acciones parciales de las que sin duda sacará ventajas, que aunque pequeñas, su multiplicación hará decrecer al contrario, ganará opinión y partido; y al fin tendrá el resultado igual al de una batalla ganada" (114).

4. "FUNESTA HABILIDAD"

"¿Por qué nuestro país, que tantos sacrificios hizo para llevar a otros del continente la libertad, no ha obtenido el homenaje de gratitud que le era debido? ¿Por qué nuestros ejércitos, que recorrieron la América del Sur prodigando su sangre, no lograron de los mismos pueblos que habían libertado la benevolencia y el reconocimiento que merecían? ¿Ha sido efecto de la ingratitud de éstos o de una fuerza repulsiva de nuestros guerreros y de nuestros gobiernos, que, al paso que hacían el bien, tenían la funesta habilidad de revestirlo de formas desagradables, para perder el derecho al agradecimiento?" (Gral. José M. Paz, *Memorias*).

5. DESATINOS DE RONDEAU

Martín Güemes, seguramente disconforme con el mando de Rondeau, previendo que un ejército tan indisciplinado estaba condenado al desastre, abandonó, con sus gauchos, el Ejército del Norte y se dirigió hacia Salta. En el camino se apropió del armamento que había quedado almacenado en Jujuy, y luego, ya en Salta, se hizo elegir Gobernador. Ello significaba una rebeldía ante Buenos Aires ya que hasta entonces las autoridades provinciales habían sido designadas por el gobierno central.

Güemes había regresado sinceramente indignado por la corrupción del ejército porteño. En Salta cundían exagerados rumores de que Rondeau y sus subalternos cabalgaban con sus alforjas llenas de oro.

Como una prueba más de su ciega incapacidad, incitado por sus superiores, Rondeau decidió escarmentar al caudillo salteño y se dirigió a enfrentarlo con su ejército. Como no podía ser de otra manera fue derrotado contundentemente por las experimentadas montoneras que dejaron a sus tropas sin víveres retirando todo el ganado que hubiese en su camino y haciendo arder los campos cultivados, a tiempo que les producían crecientes bajas a favor de un decisivo predominio en las acciones de caballería.

"Aun esta vez manifestó el general Rondeau una falta de previsión que nada puede disculpar, y a fe que por ahora no puede cohonestarse con la desobediencia de los jefes o la indisciplina. Nada se había preparado, nada se había previsto para un movimiento tan importante como el que emprendió desde la quebrada de Humahuaca. En primer lugar, no había proporcionado inteligencias en la provincia invadida, ni se había puesto de acuerdo con amigos sinceros que tenía el ejército, quienes ya veían en Güemes un caudillo inmoral y funesto.

"En segundo lugar, no previó el general que para una guerra de esa clase necesitaba más caballería; la que pudo proporcionarse, si no quería llevar los Dragones del Perú, que dejó en la quebrada, esperando ocho días para que llegasen desde Buenos Aires los Dragones de la Patria, que estaban tan cerca.

"En tercer lugar, marchó con el ejército sin llevar víveres o ganado en pie, de modo que no pudiendo tomarlo en el campo se vio privado de él, lo que por sí sólo bastaba para hacer insostenible su posición. Es inconcebible tanta imprevisión, mucho más en un general que sabía prácticamente lo que era la guerra irregular o de montonera y lo que valía el poder del gauchaje en nuestro país, pues lo había visto en la Banda Oriental. No puedo dar otra explicación, sino que se equivocó en cuanto a las aptitudes de Güemes y el prestigio que gozaba entre el paisanaje de Salta" (79).

Como es de imaginar, estos desatinos en el interior de las fuerzas patriotas provocaron su debilitamiento. Fue lógico entonces que un poderoso ejército realista al mando del general Ramírez Orosco, aprovechando las circunstancias invadiese Salta. Eran 6 batallones, 7 escuadrones y 4 piezas de artillería, formando un total de aproximadamente 4.000 hombres. Además a su Comandante en Jefe lo acompañaban avezados y prestigiosos militares como los generales Canterac y Olañeta y los coroneles Vigil, Marquiegui, Valdez y Gamarra.

El 31 de mayo de 1820 ocuparon la ciudad de Salta.

A pesar de la desorganización de las guerrillas patriotas y de no poder contar con el refuerzo de las tropas regulares, la resistencia de los gauchos salteños fue admirable y eficaz.

"Las guerrillas disputaron el terreno palmo a palmo desde la frontera hasta Salta, atacando con audacia las columnas enemigas que se desprendían del grueso de sus fuerzas, con fortuna varia en los combates. Los españoles no fueron dueños sino del terreno que ocupaban con las armas, y después de un mes de permanencia, tuvieron que replegarse bajo el fuego de las guerrillas salteñas a sus posiciones de Tupiza (el 30 de junio de 1820) a consecuencia de los anuncios de la expedición de San Martín sobre Lima, que a la sazón se aprestaba en Chile".

Al proclamar, ante el Cabildo salteño, su nuevo triunfo, un Güemes más preocupado que eufórico decía: "A pesar de no haber sido oportunamente auxiliados, una vez más hemos conseguido, aunque a costa del exterminio de nuestra provincia, el escarmiento de los tiranos" (32, 47, 79).

6. EL PAN A MEDIO COMER

Uno de los relatos más conmovedores del Tambor Vargas es aquel en el que un adolescente es ajusticiado en público sin que alcanzase a comprender cabalmente qué era lo que iban a hacer con él y, mucho menos, por qué:

"Uno de ellos era un jovencito de la Puna, así llaman a los de las pampas de Oruro y de todo lugar frígido; dicen que salía de la iglesia al patíbulo comiendo un mollete, que es el pan que hacen del áspero de la harina de la flor; sin saber por qué lo mataban ni dar crédito de que iba a ser víctima, salía con una frescura de ánimo, y siempre mascando iba el jovencito; el señor cura que lo ayudaba le decía: 'hijo, ya no es tiempo de que comas, en este momento vas a la presencia del divino tribunal, pídele misericordia, llámale que te ayude, te defienda del enemigo malo, etc.', a este tenor palabras dirigidas y propias para el presente asunto; el indiecito nada hablaba comiendo el mollete, hasta que le replicaba al cura: 'tata cura, desde anteanoche estoy sin comer. Acabaré de comer todavía, llévenme despacio pues, ¿y no pudiera ver todavía cómo estarán mis carneros cargados?, después me volviera pronto, y entonces les acompañaré, hasta donde quieran me llevan pues'; le suplicaba a un soldado que le dé licencia, después dice que le ayudará aún a cargar el fusil más que sea todo el día y mañana más; llega al patíbulo, lo sientan y lo afusilan, todavía el pan en la boca, el indiecito no había acabado de tragar siquiera, lo que causó la mayor compasión que hasta los soldados enemigos se regresaron llorando viendo al difunto con el pan en la boca y en la mano, a este infeliz inocente; aun más dicen que dijo a tiempo de que un soldado u oficial le dice que se siente: 'déjenme nomás ya pues, mi madre me retará, qué dirá de mi tardanza'; así pues se manejaban los fieles vasallos de su majestad el rey de España".

En este otro caso, del otro bando, como para demostrar que la barbarie no tenía color, las víctimas son tres indios "amedallados", esto es indios que han recibido medallas por servicios prestados al campo realista:

"Ese día 31 de marzo (1817) a las cuatro y más de la tarde hicieron llegar a tres amedallados indios de la parte de los españoles, como son un Ignacio Choque que se había intitulado coronel de los reales ejércitos (indio colono de la hacienda de Caquena en la doctrina de Moosa), un Eusebio, de tal, y un Miguel Vinalgas, padre político del antecedente Eusebio (ambos colonos en la hacienda de Sihuas en la doctrina de Cavari), entrigantes a los capitanes Silvestre Porras y Ramón Sarsuri, al día siguiente 1º de abril los mandó matar el comandante Lira (habiéndose hecho confesar con un eclesiástico doctor don José Prudencio Palomino, que vivía este señor en su hacienda el anexo de Caichani, muy cerca al pueblo de Capiñata) a palos, a lanzazos y a pedradas lastimosamente, siendo un espectáculo demasiado funesto aquellas muertes" (63).

7. AMERICANOS POR ESPAÑA, ESPAÑOLES POR AMÉRICA

Juan Antonio Álvarez de Arenales, el gran caudillo que en tierras altoperuanas mantiene en jaque durante varios años a los ejércitos de España, venciéndolos en los combates de "San Pedrillo", "La Angostura" y "La Florida", y que más tarde acompaña a San Martín en el cruce de los Andes siendo su mano derecha durante la victoriosa campaña del Perú, era español nacido en Cádiz.

Francisco Xavier de Aguilera, el invicto coronel de los ejércitos del Rey que con sus propias manos degolló a los formidables jefes de la Revolución Americana, Padilla y Warnes, luego de vencerlos en "La Laguna" y en "El Pari" respectivamente, era altoperuano nacido en Santa Cruz de la Sierra.

8. ¿QUIÉN COSIÓ NUESTRA PRIMERA BANDERA?

Si en los libros escolares se recuerda a Mariquita Sánchez de Thompson porque en su casa se ejecutó el Himno Nacional por primera vez, ¿por qué se ha olvidado a María Catalina Echevarría de Vidal, quien a pedido de Belgrano cosió nuestra primera insignia patria en el pueblo de "Capilla del Rosario del Pago de los Arroyos", hoy Rosario?

9. EL LIBERTADOR FUSILA

"Durante la permanencia de San Martín al frente del Ejército del Norte, tomóse prisionero en Santa Cruz de la Sierra al coronel español Antonio Landívar. Había sido éste uno de los agentes más despiadados de las venganzas de Goyeneche, y en consecuencia el general le mandó formar causa 'no por haber militado con el enemigo en contra de nuestro sistema (dice en su auto), sino por las muertes, robos, incendios, saqueos, violencias, extorsiones y demás excesos que hubiese cometido contra el derecho de la guerra'.

"Reconocidos los sitios en que se cometieron los excesos y levantados los cadalsos por orden de Landívar, se comprobó la ejecución de 54 prisioneros de guerra, cuyas cabezas y brazos habían sido cortados y clavados en las columnas miliarias de los caminos. El acusado declaró que sólo había ajusticiado 33 individuos contra todo derecho, alegando en sus descargos haber procedido así por órdenes terminantes de Goyeneche, las que exhibió originales.

"(...) He aquí en extracto algunas de las órdenes de Goyeneche: 'Potosí, diciembre 11 de 1812. Marche Ud. sobre Chilón rápidamente y obre con energía en la persecución y castigo de todos los que hayan tomado parte de la conspiración de Valle Grande, «sin más figura de juicio» que sabida la verdad militarmente.' Otra: 'Potosí, diciembre 26 de 1812. Tomará las nociones al intento de saber los generales caudillos y los que han seguido de pura voluntad, «aplicando la pena de muerte a verdad sabida sin otra figura de juicio». Defiero a Usted todos los medios de purgar ese partido de los restos de la insurrección que «si es posible no quede ninguno». En 5 de diciembre de 1813 se reitera la misma orden, y a 11 del mismo mes y año, contestando a Landívar, le dice Goyeneche: 'Apruebo a Ud. la energía y fortaleza con que ha aplicado la pena ordinaria a unos y la de azotes a otros, y le prevengo que a cuantos aprehenda con las armas en la mano, que hayan hecho oposición de cualquier modo a los que mandan, convocado y acaudillado gente para la revolución, sin más figura de juicio que sabida la verdad de sus hechos y convictos de ellos, los pase por las armas. Apruebo la contribución que acordaba imponer a todos los habitantes que han tomado parte en la conspiración, o la han mirado con apatía o indiferencia'. Por último, en varios otros oficios tanto Goyeneche como su segundo el general Ramírez, escriben a Landívar: 'Sólo creo prevenirle que no deje un delincuente sin castigo a fin de fijar el escarmiento en los ánimos de esos habitantes'.

"(...) En vista de esos descargos, la defensa fue hecha con toda libertad y energía por un oficial de Granaderos a caballo, quien refutó con argumentos vigorosos las conclusiones del fiscal de la causa, invocando el principio de fidelidad que debía a sus banderas aun cuando fuesen enemigas, y la inviolable obediencia que debía a sus jefes, tratando de ponerlo bajo la salvaguardia de los prisioneros de guerra.

"Tal es la causa que con sentencia de muerte fue elevada a San Martín el 15 de enero de 1813, y que él con la misma fecha mandó ejecutar, escribiendo de su puño y letra 'cúmplase', sin previa consulta al gobierno, como era de regla.

"Al justificar la necesidad y urgencia de este proceder, San Martín escribía al gobierno: 'Aseguro a V.S. que a pesar del horror que tengo a derramar la sangre de mis semejantes, estoy altamente convencido de que ya es absoluta necesidad el hacer un castigo ejemplar de esta clase. Los enemigos se creen autorizados para exterminar hasta la raza de los revolucionarios, sin otro crimen que reclamar éstos los derechos que ellos les tienen usurpados. Nos hacen la guerra sin respetar en nosotros el sagrado derecho de las gentes y no se embarazan en derramar a torrentes la sangre de los infelices americanos. Al ver que nosotros tratábamos con indulgencia a un hombre tan criminal como Landívar, que después de los asesinatos cometidos aún gozaba de impunidad bajo las armas de la patria, y en fin, que sorprendido en un transfugato y habiendo hecho resistencia, volvía a ser confinado a otro punto en que pudiese fomentar, como lo hacen sus paisanos, el espíritu de oposición al sistema de nuestra libertad, creerían, como creen, que esto más que moderación era debilidad, y que aún tememos el azote de nuestros antiguos amos' " (66).

10. UNA "MONARQUÍA TEMPERADA"

"Aunque la revolución de América en su origen mereció un alto concepto de los poderes de Europa, por la marcha majestuosa con que se inició, su declinación en el desorden y anarquía, continuada por tan dilatado tiempo, ha servido de obstáculo a la protección, que sin ella se habría logrado; así es que, en el día debemos contarnos reducidos a nuestras propias fuerzas. Además, ha acaecido una mutación completa de ideas en la Europa, en lo relativo a la forma de gobierno. Así como el espíritu general de las naciones, en años anteriores, era republicanizarlo todo, en el día se trata de monarquizarlo todo. La nación inglesa, con el grandor y majestad a que se ha elevado, más que por sus armas y riqueza, por la excelencia de su constitución monárquico-constitucional, ha estimulado a las demás seguir su ejemplo. La Francia lo ha adoptado. El Rey de Prusia por sí mismo, y estando en el pleno goce de su poder despótico, ha hecho una revolución en su reino, sujetándose a bases constitucionales idénticas a las de la nación inglesa; habiendo practicado otro tanto las demás naciones. Conforme a estos principios, en mi concepto, la forma de gobierno más conveniente para estas provincias, sería la de una monarquía temperada, llamando la dinastía de los Incas, por la justicia que en sí envuelve la restitución de esta casa, tan inicuamente despojada del trono; a cuya sola noticia estallará un entusiasmo general de los habitantes del interior."

Manuel Belgrano, ante el Congreso de Tucumán, 1816 (65).

11. "LUZ QUE ME DESPIERTAS EN CADA MAÑANA"

"Luz que me despiertas en cada mañana,
con la sonrisa rosada de otra aurora que llega,
y, muy despacio, va dorando el cielo,
mientras un sol madrugador, entibia
del aire la caricia...
Mañanera, suave brisa,
si está mi amada despierta,
llévale este hato de besos,
que en mi boca tengo presos.
En cuanto llegas, amigo sol,
lo que la noche esfuma con su oscuridad,
se llena de vida, luz y color.
¡Buen día, Apu-Inti! ¡Buen día, mi Dios-Sol!
No te vuelvas ardiente,
no la hieras quemante.
Sé bueno, tus rayos entibia.
Torna tu luz tan suave,
que hasta su rostro llegue,
cual tímida caricia, como ese beso leve,
¡que mis labios ansiosos,
a darle no se atreven!
¡Apu-Inti, del mundo todas las maravillas
con ti despiertan y ellas son mis amigas!
¡Buenos días, aurora clara!
¡Buenos días, quieta montaña!
¡Al sol, toda de oro, y en la noche, de plata!
Buen día, cielo limpio con sol recién nacido,
pasto flor, río calmo, arroyo cristalino...

A ti arroyo, te hablo:
corriente de agua clara, tú que copias su imagen
y la llenas de besos, cuando la baña tu agua,
¿No te das cuenta cuán feliz eres?
Hoy otro día nace, donde todo está riente,
Y como todo es un sueño dichoso y transparente,
mi alma enamorada le envía su saludo.
Se ha dormido mi pena. Se la llevó la noche.
¡Al arribo del día mi dolor queda mudo!"

           Juan Huallparrimachi (49).

12. LA DECEPCIÓN DE SARRATEA

Uno de los emisarios que llegaron a Europa con la misión de lograr que la idealizada Inglaterra acogiera a las Provincias Unidas del Río de la Plata como una más de sus colonias, fue Manuel de Sarratea.

Es interesante constatar cómo su anglofilia, en el descarnado contacto con la cancillería británica, se transforma en cuestionamiento de las ingenuas y suicidas propuestas del gobierno porteño.

"En el negocio incoado —escribe a Posadas el 27 de marzo de 1815— descubro los medios de concluir nuestros negocios por nosotros mismos, con nuestros propios elementos, sin que tengamos que confesarnos deudores del favor de ningún gobierno europeo. Si alguno más adelante quisiera obligar nuestra gratitud y hacer algo a favor nuestro, nos vendrá muy bien sin duda (...) El Canciller Lord Castlereagh nos ha honrado la otra noche en el debate de la Casa de los Comunes con el honorífico título de 'rebeldes' y declarado formalmente que jamás se prestaría a proteger a los de esta clase que traten de sacudir el yugo de sus legítimos soberanos. Su Señoría y yo no tenemos las mismas nociones sobre lo que es rebeldía: yo considero al rey Fernando como un rebelde puesto que se ha sublevado contra los pueblos, y no a estos que sólo se ocupan de repeler la agresión".

"Si es preciso pelear (contra una posible invasión española) —escribe a Alvear el 3 de abril— espero que lo harán ustedes de modo que aumente algunos grados la reputación que ha adquirido Buenos Aires (...) que se saquen elementos de todo el país; se levante un grito general y que todo el mundo que ha nacido en ese suelo concurra a defenderlo, porque si no ignominia y ultraje es lo único que está reservado para sus hijos (...) Salvemos la tierra y luego lavaremos nuestros trapos sucios" (96).

13. DESPUÉS DE AYOHÚMA

Sucedió durante la retirada de Ayohúma. "Si el enemigo hubiese tenido una regular caballería, hubiésemos salvado poquísimos, mas ésta no se separó por entonces de la infantería en la persecución, además que pareció muy poca. Esto dio lugar a que los restos de nuestros infantes, que huían en muchas direcciones, se fuesen replegando hacia el general Belgrano, que había enarbolado la bandera del ejército en la falda de unas lomas ásperas y pedregosas que no ofrecían sino senderos difíciles. Esto sucedía a distancia de cerca de media legua del campo de batalla, y para proteger la reunión tuvo orden la caballería de sostener el paso de un arroyo, cinco o seis cuadras más allá del punto en donde se hacía el cruce. Para cumplir esta orden se presentó el coronel don Cornelio Zelaya, que tomó el mando de ochenta o noventa hombres de caballería, que era todo lo que había podido reunirse.

"Aunque bastante animado de un agente extraño, es digna de todo elogio la bravura que en aquella crítica circunstancia ostentó el tal coronel; parapetados como estábamos, el fuego enemigo hacía estragos entre nosotros, siendo de admirar que al coronel Zelaya, que era el único que se conservaba a caballo y que atravesaba del paso del río al corral de piedra y del corral al paso, no lo tocase una bala, como tampoco a su caballo. Entre tanto aquella inesperada resistencia había atraído la atención del enemigo, que había acumulado fuerzas capaces de dar una nueva batalla; la necesidad de abandonar aquel terrible punto se hacía urgente y, sin embargo, el coronel se obstinaba en sostenerlo. No obstante, tuvo que ceder a las circunstancias, y al fin él mismo mandó la retirada. Nuestra pequeña fuerza la emprendió sin orden, sin formación, por los varios fragosos senderos que se presentaban y que cada uno elegía a su arbitrio.

"Pocas cuadras habíamos andado cuando un oficial se llega y me dice: 'A su hermano le han muerto el caballo, queda atrás, viene a pie y en el más grande peligro'.

"Un rayo caído a mis pies no me hubiera conmovido más, y sin preguntar otra cosa volví a buscarlo, cruzando de sendero en sendero hasta que di con él.

"Mi hermano Julián, que era también capitán de Dragones, había perdido su caballo al retirarnos del arroyuelo que tanto habíamos disputado. Al tomar un sendero y trepar la barranca, recibió el caballo una bala tan bien dirigida que cayó súbitamente sin poder moverse; en su caída le apretó una pierna que pudo zafar con trabajo, dejando hasta la espuela. Cuando yo lo encontré, había quedado enteramente atrasado de todos, y los enemigos venían tan inmediatos, que un momento más y era perdido; le ofrecí la grupa de mi caballo pero era tal su fatiga y cansancio que no pudo subir; le tomé entonces un brazo y, poniéndolo bajo del mío, le ayudé a caminar casi arrastrándolo, hasta llegar a una quiebra del terreno que ofrecía la comodidad de un excelente estribo. Entonces montó, y yo piqué para alejarnos de aquel infierno de balas y peligros. Andando apresuradamente alcanzamos la retaguardia de la infantería y dejándolo allí, le dije que mi honor me obligaba a volver para que no se creyese que con pretexto de salvarlo me separaba del peligro, y que, quedando él fuera del alcance de los enemigos, continuase.

"Yo regresé a incorporarme con el coronel Zelaya, que con unos cuantos hombres venía conteniendo al enemigo; estos hombres fueron poco a poco escurriéndose y ganando la delantera, que al cabo de dos leguas de persecución no habíamos quedado con el coronel más oficiales que el capitán Arévalo y yo, y unos quince o veinte hombres de tropa; felizmente, era sólo caballería la que nos perseguía, y la enemiga era tan cobarde que la conteníamos con facilidad en aquellos escabrosos caminos y desfiladeros. Al último, fuera de algunos tiros disparados al acaso, estaba reducida la persecución a una multitud de insultos y dicterios que se decían Zelaya y el coronel enemigo, don Saturnino Castro (el que después fue fusilado por los españoles en Moraya), en que lo menos eran los dictados de porteño cobarde, disparador, y de ladrón mulato; hasta hubo un desafío personal y singular entre ambos, que no tuvo efecto porque no se les dejaba solos y porque era una majadería que no consentíamos los circunstantes; a nosotros, principalmente nos dañaba, porque entorpecía nuestra marcha.

"Al fin se cansó el coronel realista Castro de perseguirnos y gritar, pero el coronel Zelaya no se cansó de hacer ostentación de su poca prisa en retirarse, a pesar de que ya nadie quedaba con él, sino yo y su asistente Humacata; no habíamos andado media legua después que nos dejó el enemigo, cuando se le antojó parar, echar pie a tierra, desenfrenar los caballos y ponerse a comer algunos fiambres que llevaba el honrado asistente, sin dejar de hacer también algunas libaciones, empinando para ello una gruesa bota que él mismo traía" (79).

14. UN ARMA EFICAZ: EL SOBORNO

El exterminio no era el único recurso de los realistas para acabar con los caudillos altoperuanos: también el soborno.

A fines de 1816 el general De la Serna invita al teniente coronel Uriondo a cambiar de bando, "seguro —le decía— de que disfrutará de las gracias que en mi proclama prometo, de que olvidaré lo pasado, y de que se le acogerá sin faltar a nada de lo que ofrezco".

Uriondo contestó con un largo documento en el que afirmaba que su espada "será para emplearla en la más tirana garganta de los gobernadores de esta infeliz provincia, que atropellando todas las leyes justas, han provocado a los cielos, han infamado hasta los extremos más degradantes las armas del Rey que dicen defender, han hollado con crueldad los sagrados derechos de la humanidad. Con que vea Vuestra Excelencia si podré yo sin entrar en público atentado, pasar a la compañía de esos criminosos cuyo exterminio espera de mi mano esta ofendida provincia".

Tampoco Manuel Ascencio Padilla se dejó tentar, respondiendo que "con mis armas haré que dejen el intento, convirtiéndolos en cenizas, y que sobre la propuesta de dinero y otros intereses, sólo debe hacerse a los infames que pelean por su esclavitud, no a los que defienden su dulce libertad como yo lo hago a sangre y fuego".

Pero no todos los intentos de soborno cayeron en saco roto. Luego de la derrota de Huaqui, Balcarce y Castelli son relevados y sometidos a juicio. En su reemplazo es designado el brigadier Francisco del Rivero, cochabambino, oficial competente y de gran ascendencia entre los altoperuanos.

Rivero nunca llegó a hacerse cargo de tal misión pues un emisario de Goyeneche lo convenció y, además de recibir una suma de dinero que debió ser considerable, se puso un batallón realista bajo sus órdenes.

Es de imaginar el aumento del desorden y del divisionismo, ya muy elevados, que esta traición provocó (96).

15. LA LUCHA POR EL PODER EN LA LOGIA LAUTARO

Ante la inminencia de la Asamblea del año XIII había dos bandos: aquellos que opinaban que en la misma debía declararse la independencia de las Provincias Unidas del Río de la Plata y aquellos que eran partidarios de postergar tal decisión para no irritar a Inglaterra, que privilegiaba su alianza con España.

En la logia Lautaro también existían estas dos facciones. A ella pertenecía la gran mayoría de los asambleístas elegidos por lo que la posición que se resolviera en su interior sería la que primaría en dicha convocatoria.

Ya senil, el general Zapiola transgrede el secreto masónico y confiesa a Mitre que entonces hubo una profunda divergencia entre San Martín y Alvear, imponiéndose este último y obligando al primero a dejar de ser Venerable y a alejarse de la participación activa en la logia, abandonando los roces políticos y dedicándose exclusiva e intensamente a las tareas militares. Alvear lideraba, con el apoyo de los viejos masones, la posición antiindependentista, con la que se habrían solidarizado Posadas, Vieytes, Monteagudo, Azcuénaga, Rodríguez Peña, Valentín Gómez, Larrea, Agrelo y otros. A su vez los que se inclinaron por la declaración de la Independencia, de acuerdo con San Martín, fueron Zapiola, Manuel Moreno, Donado y pocos más.

Cabe señalar que la derrota de San Martín en el seno de la logia no determinó su renuncia a la misma por cuanto el juramento masónico es irrenunciable sino que, como se dice en las entidades secretas, se "durmió".

Según no pocos y significativos historiadores, fue "despertado" cruelmente cuando se le exigió obediencia masónica para retirarse de los campos de batalla americanos y ceder todo el espacio y la gloria sucesiva a Simón Bolívar.

Una de las consecuencias del misterioso encuentro de Guayaquil fue la separación del Alto Perú, luego Bolivia, de las Provincias Unidas, luego Argentina (66, 96).

16. DEMONIOS Y HARAPOS

Fueron muchos quienes se hicieron célebres por su ferocidad. Entre ellos y no el peor, el anciano Francisco Carvajal, al servicio del Rey, quien se enorgullecía de su bien ganado apodo: "el Demonio de los Andes".

"Tenía un diabólico placer en presenciar los padecimientos de sus víctimas y en la hora de la ejecución solía dirigirles horribles chistes que les hacían más amargo el trance. Tenía vena, si así puede llamarse, y daba rienda suelta a su locuacidad mientras torturaba con inimaginable sadismo, dominado de un carácter mordaz y repulsivo, como procedente de una imaginación familiarizada con el lado débil y miserable de la humanidad" (6). A sus 84 años no daba ni pedía cuartel y cuando fue conducido al suplicio y ejecución, encerrado en una especie de cesto, todavía tuvo fuerzas para burlarse de sí mismo y de sus captores: "Niño en cuna y viejo en cuna", comentó, frase que se difundiría por todo el Alto Perú.

Pero los rebeldes patriotas no se enfrentaron únicamente con la crueldad; también con la indisciplina y la miseria.

Al finalizar 1816 el Ejército del Norte, nuevamente al mando de Belgrano, se hallaba en estado deplorable.

Hablando de los sacerdotes su jefe decía: "Los mismos capellanes, que debían dar el ejemplo acerca del orden y conducta cristiana del ejército, tienen procedimientos que llenan de rubor, haciendo algunos de ellos vida escandalosa con mujeres, juegos y otros vicios".

Hablando de los oficiales: "Los oficiales debían llenarse de vergüenza por quebrantar sus arrestos y fingirse enfermos para concurrir de noche con descaro a los bailes, haciendo ostentación de su deshonor, mientras sus conversaciones se reducen a murmurar de su general, de sus jefes y compañeros, sembrando especies sediciosas y ofendiendo con ellas al sexo sin respetar casadas ni solteras".

En cuanto a la miseria: "Yo mismo estoy pidiendo prestado para comer. La tropa que tiene el gobernador Güemes está desnuda, hambrienta y sin paga como nos hallamos todos, y no es una de las menores razones que lo inducen a hacer la guerra de recursos al enemigo. Yo mismo habría hecho otro tanto; pero estoy muy lejos, y temo se me quedaría en la marcha la mitad de la fuerza de lo que se llama ejército" (65).

17. MISERIA E INGRATITUD

Tenía más de 80 años y pasaba largas horas absorta en sus recuerdos.

La miseria incomodaba su vejez, ya que la pensión que Simón Bolívar le había acordado le había sido pagada sólo durante 2 o 3 años.

A veces se incorporaba de su desvencijada silla de paja para dirigirse con pasos cortísimos y tambaleantes hacia una bolsa de tejido indio.

Juana Azurduy releyó, más con la memoria que con los ojos, un papel amarillento y arrugado que atesoraba en su interior:

"Exmo. Señor:

"Paso a manos de V.E. el diseño de la bandera que la amazona doña Juana Azurduy tomó en el cerro de la Plata como once leguas al este de Chuquisaca, en la acción a que se refiere el Comandante don Manuel Ascencio Padilla, quien no da esta gloria a la predicha su esposa por moderación, pero por otros conductos fidedignos me consta que ella misma arrancó de manos del abanderado este signo de tiranía, a esfuerzo de su valor y de sus conocimientos en milicia poco comunes a las personas de su sexo.

"Dios guarde a V.E. muchos años —Tucumán, 26 de julio de 1816— Manuel Belgrano".

Otro papel:

"El Exmo. Señor Director Supremo del Estado, se ha impuesto con satisfacción del Oficio de V.E. y parte que acompaña pasado por el Comandante don Manuel Ascencio Padilla relativo al feliz suceso que lograron las armas de su mando contra el enemigo opresor del Perú, arrancando de su poder la bandera que remite, como trofeo debido al varonil esfuerzo y bizarría de la amazona doña Juana Azurduy. El Gobierno en justa compensación de los heroicos sacrificios con que esta virtuosa americana se presta a las rudas fatigas de la guerra en obsequio de la libertad de la patria, ha tenido a bien decorarla con el despacho de Teniente Coronela que acompaño, para que pasándolo a manos de la interesada, le signifique la gratitud y consideraciones que han merecido al Gobierno sus servicios igualmente que a los demás compatriotas que la acompañaban.

"Buenos Aires, Agosto 13 de 1816. Antonio Berrutti.

La muerte de esta heroína de la independencia, cuya cabeza valía para los godos lo mismo que la de su esposo, el gran caudillo Manuel Ascencio Padilla, pasó tan inadvertida para sus contemporáneos que nadie recuerda dónde fue enterrada.

La Teniente Coronela murió, como no podía ser de otra manera, un 25 de mayo (49).

18. LOS DIENTES DEL PRÓCER

"Es lo mejor que tenemos en la Patria", escribió al gobierno de Buenos Aires un San Martín indignado, luego de recibir órdenes para que el ex jefe del Ejército del Norte se reportase para ser juzgado por la derrota en Ayohúma. Porque don José siempre tuvo una gran estima por Belgrano.

Por quien, hallándose en su campamento de Santa Rosa, recibió un chasque que le anunciaba que la Junta de Mayo lo había elevado al rango de Brigadier, grado recientemente creado. "Esto me puso en la mayor consternación, así porque nunca pensé en trabajar por interés en distinciones, como porque preví la multitud de enemigos que debía acarrearme, así que contesté a mis amigos que sentía más el título de Brigadier, que si me hubieran dado una puñalada", fue la reacción de don Manuel.

Es que la Junta había otorgado las tres primeras jerarquías a integrantes de la misma. Belgrano detestaba la inmoralidad.

También tenía sentido del humor: cierta vez el general realista Pío Tristán, arrogante, cuando aún no había sido vapuleado en la batalla de Tucumán, le envió una misiva que cerraba debajo de su firma con grandes letras: "Campamento del Ejército Grande, Septiembre 15 de 1812". El jefe del ejército patriota le respondió, mordaz, poniendo debajo de su firma: "Cuartel General del Ejército Chico, Septiembre 17 de 1812".

Tanto mérito y tanta virtud no bastaron para ganarle el reconocimiento de sus contemporáneos. Todo lo contrario. Desde Tucumán, enfermo ya de muerte, donde sólo recibió "escarnio e ingratitud" como él mismo lo pusiese en una carta a su amigo Redead, emprendió una fatigosa marcha hacia Buenos Aires en busca de algún apoyo que le permitiera sobrellevar la miseria en que transcurrieron sus últimos años. A pesar de la gruesa suma que el Estado le adeudaba por sus sueldos impagos. Al pasar por Santiago del Estero, el entonces coronel Dorrego, quien no le perdonaba que San Martín lo hubiese sancionado por su culpa, hizo pasear por el centro de la ciudad y ante los ojos de don Manuel a un opa pueblerino disfrazado de Brigadier y gritando frases hirientes.

No fue ésa la única injuria sufrida por aquel hombre que apenas podía caminar por la hidropesía aguda y la debilidad progresiva. En Córdoba, cuyo gobernador, su ex subalterno Bustos, le denegó ayuda económica igual que sus colegas de las otras provincias que atravesó en su calvario, don Manuel y su fiel ayudante Helguera se detuvieron en una posta. Convocaron entonces al encargado para solicitarle algo.

—Dígale usted al general Belgrano que si quiere hablar conmigo venga a mi cuarto que hay igual distancia —fue la réplica insolente.

Eran aquellas épocas de turbulentos enfrentamientos fratricidas, de los que el vencedor de Salta y Tucumán no supo o no pudo permanecer ajeno, cuando era más difícil que nunca diferenciar lo noble de lo abyecto, el patriotismo de la ambición.

Quien había donado los veinte mil pesos que le correspondieron por su comandancia del Ejército del Norte, para la construcción de cuatro escuelas en zonas pobres de nuestro norte, debió conformarse con los avaros trescientos pesos que el gobernador de Buenos Aires, Idelfonso Ramos Mejía, le hiciera llegar a través de uno de sus edecanes. Don Manuel le agradeció con asombrosa magnanimidad: "Doy a V.S. las gracias, bien persuadido de que el estado de las rentas no le permite usar de la generosidad que me manifiesta, sin que merezca tanto favor".

Luego vendría la muerte, en soledad y olvido, tanto que un solo periódico de Buenos Aires (*El Despertador Filantrópico*) se hizo eco de la misma, y mezquinamente.

Pero no terminaron allí las afrentas. Ochenta y tres años después podía leerse en el matutino *La Prensa* a raíz de la exhumación de sus restos para ser trasladados al mausoleo donde hoy yacen, en la iglesia de Santo Domingo: "Llama la atención que el escribano del Gobierno de la Nación no haya precisado en este documento los huesos que fueron encontrados en el sepulcro; pero no es ésta la mayor irregularidad que he podido observar en este acto. Entre los restos del glorioso Belgrano que no habían sido transformados en polvo por la acción del tiempo, se encontraron varios dientes en buen estado de conservación y ¡admírese el público! ¡esos despojos sagrados se los repartieron buena, criollamente, el ministro del Interior y el ministro de Guerra! (...) Que devuelvan esos dientes al patriota que menos comió en su gloriosa vida con los dineros de la Nación y que el escribano labre un acta con el detalle que todos deseamos y que debe tener todo documento histórico..."

El escándalo fue tal que los susodichos ministros, el doctor Joaquín V. González y el coronel Ricchieri, tuvieron que devolver los dientes del prócer.

BIBLIOGRAFÍA

PUBLICACIONES

1. Abecia Baldivieso, Valentín, *L...
cionales en la historia de Bolivia*, Los...
Paz, 1986.
2. Abecia Baldivieso, Valentín, ...
dependencia de Bolivia, La Paz, ...
3. Academia Nacional de la His...
Nación Argentina, Buenos Aires, 1948.
4. Acevedo, Edberto Oscar, *La Intendencia de ...
Tucumán en el Virreinato del Río de la Plata*, Universidad
Nacional de Cuyo, Mendoza, 1965.
5. Aguirre, Nataniel, *Juan de la Rosa*, La Paz, 1981.
6. Albi, Julio, *Banderas olvidadas. El ejército realista en América*, La Paz, 1975.
7. Alcón, Juan José. "Diario de la expedición del Mariscal de Campo don Juan Ramírez, sobre las provincias interiores de la Paz, Puno, Arequipa y Cuzco", en: *Colección documental de la independencia del Perú*, tomo XXVI, Lima, 1971.
8. Arguedas, Alcides, *La fundación de la República (Historia de Bolivia)*, Madrid, 1920.
9. Arguedas Alcides, *Historia general de Bolivia*, La Paz, 1980.

---

* Las obras citadas que no llevan referencia a editorial son ediciones privadas, mimeografiadas o fotocopiadas.

10. Arnade, W. Charles, *La dramática insurgencia de Bolivia,* Juventud, La Paz, 1971.

11. Arze Aguirre, René D., *Participación popular en la Independencia de Bolivia,* Don Bosco, La Paz, 1979.

12. Arze Quiroga, Eduardo, *La Constitución boliviana de 1826 y la desintegración política de la América del Sur,* La Paz, 1973.

13. Aubin, José María, *Anecdotario argentino,* Estrada, Buenos Aires, 1910.

14. Bassi, Juan Carlos, *La expedición libertadora al Alto Perú,* Buenos Aires, 1961.

15. Baptista Gumucio, Mariano, *Otra historia de Bolivia,* Alcaldía Municipal de La Paz, La Paz, 1989.

16. Beltrán Ávila, Marcos, *Historia del Alto Perú en el año 1810,* Oruro, 1915.

17. Best, Félix, *Historia de las guerras argentinas. De la independencia, internacionales, civiles y con el indio,* Buenos Aires, 1960.

18. Biblioteca de Mayo, tomo XV: *Guerra de la Independencia;* tomo XVIII: *Antecedentes. Documentos políticos y legislativos,* Buenos Aires, 1960.

19. Bidondo, Emilio A., *La guerra de la Independencia en el Norte argentino,* EUDEBA, Buenos Aires, 1976.

20. Bidondo, Emilio, A., *Alto Perú. Insurrección, libertad, independencia,* Rivolin Hnos., Buenos Aires, 1989.

21. Bidondo, Emilio A., *Juan Guillermo de Marquiegui. Un jujeño al servicio de España,* Madrid, 1982.

22. Bidondo, Emilio A., *La expedición de auxilio a las provincias interiores (1810-1812),* Círculo Militar, Buenos Aires, 1987.

23. Bidondo, Emilio A., *La guerra de la Independencia en el Alto Perú,* Círculo Militar, Buenos Aires, 1979.

24. Bidondo, Emilio A., *Contribución al estudio de la Guerra de la Independencia en la Frontera Norte. El aporte jujeño,* Buenos Aires, 1962.

25. Blanco G., Carlos, *Resumen de la historia militar de Bolivia,* La Paz, 1922.

26. Bowman, Charles H., *Vicente Pazos Kanki, un boliviano en la libertad de América,* Los Amigos del Libro, La Paz, 1975.

27. Bringuer, Estela, *Juana Azurduy. Teniente Coronel de las Américas*, Buenos Aires, 1976.

28. Bulnes, Gonzalo I., *Bolívar en el Perú*, Biblioteca Ayacucho, Madrid, 1919.

29. Cáceres, Armando H., *La primera campaña del general Arenales en el Valle Grande (Alto Perú)*, Buenos Aires, 1944.

30. Caillet-Bois, Ricardo, *La Revolución en el Virreinato*, Buenos Aires, 1961.

31. Cárcano, Miguel Ángel, *La política internacional en la historia argentina*, EUDEBA, Buenos Aires, 1973.

32. Cornejo, Atilio, *Historia de Güemes*, Buenos Aires, 1946.

33. Crespo Rodas, Alberto, *El ejército del general San Martín y los guerrilleros del Alto Perú*, La Paz, 1981.

34. Dellepiane, Carlos, *Historia militar del Perú*, Buenos Aires, 1941.

35. Denegri Luna, Félix, *Memoria militar del General Pezuela (1813-1815)*, Lima, 1955.

36. Díaz Venteo, Fernando, *Las campañas militares del virrey Abascal*, Sevilla, 1948.

37. Documentos del archivo de Belgrano, Buenos Aires, 1913-1919.

38. Echagüe, Juan Pablo, *Monteagudo*, Buenos Aires, 1942.

39. Eguiguren, Luis Antonio, *La revolución de 1814 en el Cuzco*, Lima, 1914.

40. España, *Aportación al Primer Congreso de Historia Militar Argentina. Servicio Histórico Militar. Ejército español*, Madrid, 1970.

41. Fernández Olguín, Eduardo, *Los archivos de Salta y Jujuy*, Buenos Aires, 1927.

42. Finot, Enrique, *Nueva historia de Bolivia*, La Paz, 1948.

43. Forjadores de la historia. *Tupaj Katari (1740-1781)*, América, Santa Cruz, Bolivia, 1980.

44. Forjadores de la historia. *Doña Juana Azurduy de Padilla (1780-1862)*, América, Santa Cruz, Bolivia, 1980.

45. Forjadores de la historia. *Don Manuel Ascencio Padilla (1774-1816)*, América, Santa Cruz, Bolivia, 1980.

46. Forjadores de la historia. *Juan Antonio Álvarez de Arenales (1777-1831)*, América, Santa Cruz, Bolivia, 1980.

47. Frías, Bernardo, *Historia del General Martín Güemes y de la provincia de Salta, o sea de la Independencia Argentina*, Buenos Aires, 1971-1974.

48. Gammalson, Hialmar Edmundo, *Juan Martín de Pueyrredón*, Buenos Aires, 1968.

49. Gantier, Joaquín, *Doña Juana Azurduy de Padilla*, ICHTUS, La Paz, 1973.

50. García Camba, Andrés, *Memorias del General García Camba para la historia de las armas españolas en el Perú*, Madrid, 1916.

51. Gazeta del Ministerio de Gobierno de Buenos Aires, edición facsímil, Buenos Aires, 1910.

52. Gianello de Guller, María Zorayda, *Juana Azurduy de Padilla. Mito, leyenda y realidad de la heroína de la independencia*, Biblioteca Popular Boliviana de *Última Hora*, La Paz, 1980.

53. Herreros de Tejada, Luis, *El teniente coronel D. José Manuel de Goyeneche. Primer conde de Guaqui*, Barcelona, 1923.

54. Historia de Tarija. Tarija, Bolivia, 1984-1989.

55. Just, Estanislao, S.J., *Comienzo de la Independencia en el Alto Perú. Los sucesos de Chuquisaca*, Madrid, 1976.

56. Larente, Sebastián. *Historia del Perú bajo los Borbones. 1700-1821*, Lima, 1871.

57. Lecuna, Vicente, *Documentos referentes a la creación de Bolivia*, Ed. Gobierno de Venezuela, Caracas, 1975.

58. Levene, Ricardo, *Intentos de independencia en el Virreinato del Plata (1811-1809)*, Buenos Aires, 1954.

59. Levin, Boleslao, *La rebelión de Túpac Amaru y los orígenes de la independencia de Hispanoamérica*, Buenos Aires, 1967.

60. Lizondo Borda, Manuel, "El Tucumán de los siglos XVII y XVIII", en *Academia Nacional de la Historia, Historia de la Nación Argentina*, tomo III, Buenos Aires, 1939.

61. Lofstrom, William, *El Mariscal Sucre en Bolivia*, La Paz, 1983.

62. Luna, Félix, *Historia integral de la Argentina*, Planeta, Buenos Aires, 1994.

63. Mendoza, Gunnar, *Diario de un soldado de la Independencia altoperuana en los valles de Sica Sica y Ayopaya, Tambor mayor Vargas*, Sucre, 1952.

64. Mesa Gisbert, Carlos D., *Manual de Historia de Bolivia*, Gisbert, La Paz, 1988.

65. Mitre, Bartolomé, *Historia de Belgrano y de la Independencia argentina*, Ediciones Estrada, Buenos Aires, 1947.

66. Mitre, Bartolomé, *Historia de San Martín*, Eudeba, Buenos Aires, 1968.

67. Monferini, Juan M., "La historia militar durante los siglos XVII y XVIII", en *Academia Nacional de la Historia, Historia de la Nación Argentina*, tomo IV, Buenos Aires, 1939.

68. Moral, Martín Victoriano, "Los últimos años del Ejército español en el Perú", en *Revista de Historia Militar*, Volumen 33, Madrid, 1972.

69. Moreno, Gabriel René, *Últimos días coloniales en el Alto Perú*. Imprenta Cervantes, Santiago de Chile, 1896.

70. Moreno, Gabriel René, *Últimos días coloniales en el Alto Perú*, La Paz, 1940.

71. Moreno, Gabriel René, "Qué porteños aquellos", en *Bolivia y Perú. Nuevas noticias históricas y bibliográficas*, Santiago de Chile, 1933.

72. Muñoz Cabrera, Juan E., *La guerra de los quince años en el Alto Perú, o sea fastos políticos militares de Bolivia*, Santiago de Chile, 1867.

73. O'Leary, General Daniel F., *Bolívar y la emancipación de Sud América*, Biblioteca Ayacucho, Madrid, 1915.

74. Omiste, Modesto, *Memoria histórica de los acontecimientos políticos ocurridos en Potosí en 1811*, La Paz, 1926.

75. Ornstein, Leopoldo R., *La campaña de los Andes a la luz de las doctrinas de guerra modernas*, Buenos Aires, 1931.

76. Otero, Miguel, *De Güemes a Rosas*, Buenos Aires, 1946.

77. Partes oficiales y documentos relativos a la guerra de la Independencia Argentina, Buenos Aires, 1900.

78. Paz, José María, *Campañas de la Independencia. Memorias póstumas*, La cultura argentina, Buenos Aires, 1917.

79. Paz, José María, *Memoria*, Buenos Aires, 1945.

80. Paz, José María, *Memorias del general*, Centro Editor de América Latina, 1976.

81. Paz, Luis, *Historia general del Alto Perú, hoy Bolivia*, Sucre, 1908.

82. Pérez Amuchástegui, A. J., *San Martín y el Alto Perú, 1814*, Tucumán, 1979.

83. De la Pezuela, Joaquín, *Memoria militar del general Pezuela. 1813-1815*, edición, prólogo y notas de Félix Denegri Luna, Lima, 1955.

84. Pinilla, Sabino, *La creación de Bolivia*, Barcelona, 1920.

85. Pinilla, Sabino, *La creación de Bolivia*, Universidad Mayor de San Andrés, La Paz, 1977.

86. Pinto, Manuel M., *La revolución en la Intendencia de La Paz*, La Paz, 1919.

87. Polo, José Toribio, *Centenario de la inmolación de Pumacahua*, Lima, 1913.

88. Prudencio, Roberto, *Bolívar y la fundación de Bolivia*, Casa Municipal de la Cultura, La Paz, 1977.

89. Radulovic, Borijove, *La guerrilla en la guerra*, Biblioteca del Oficial, Buenos Aires, 1949.

90. Ramallo, Miguel, *Guerrilleros de la Independencia*, La Paz, 1919.

91. Rodríguez Casado, Vicente, y Lohamann, Guillermo, *Memoria del Gobierno del virrey Joaquín de la Pezuela*, Sevilla, 1947.

92. Romero, Florencia de, *Repercusiones de la Revolución de La Paz en Puno*, Lima, 1977.

93. Romero, Carranza, Bidart Campos, Floria y otros, *Bibliografía OMEBA*, Buenos Aires, 1963.

94. Rosa, José María, *Historia Argentina*, "Los tiempos españoles", Tomo I., Editor Juan C. Granda, Buenos Aires, 1951.

95. Rosa, José María, *Historia Argentina*, "La revolución", Tomo II, Editor Juan C. Granda, Buenos Aires, 1951.

96. Rosa, José María, *Historia Argentina*, "La Independencia", tomo III, Editor Juan C. Granda, Buenos Aires, 1951.

97. Salas, Carlos A., *El General San Martín y sus operaciones militares*, Buenos Aires, 1976.

98. Sánchez de Velazco, Manuel, *Memoria para la historia de Bolivia desde el año 1808 a 1848*, Sucre, 1938.

99. Segreti, Carlos S. A., *La cuestión de Tarija. 1825-1826*, Academia Nacional de la Historia, Buenos Aires, 1967.

100. Senado de la Nación. República Argentina. Biblioteca de Mayo, *Colección de obras y documentos para la Historia Argentina*, Buenos Aires, 1963.

101. Siles Salinas, Jorge, *La Independencia de Bolivia*, MAPFRE, Barcelona, 1992.

102. Stevenson, Williams Bennet, *Memorias sobre las campañas de San Martín y Cochrane en el Perú*, Madrid, 1920.

103. Torrente, Mariano, *Historia de la revolución hispano-americana*, Madrid, 1929.

104. Urcullo, Manuel, *Apuntes para la historia de la Revolución del Alto Perú, hoi Bolivia, por unos patriotas*, Sucre, 1855-1856.

105. Uriburu, José Evaristo, *Historia del general Arenales. 1770-1831*, Londres, 1927.

106. Valdés, Jerónimo, *Documento para la Historia de la guerra separatista del Perú*, Madrid, 1894-1898.

107. Vásquez Machicado, Humberto, José de Mesa, Teresa Gisbert, Carlos de Mesa, *Manual de historia de Bolivia*, Gisbert, La Paz, 1988.

108. Viscarra, Eufronio, *Apuntes para la historia de Cochabamba*, Cochabamba, 1967.

109. Yaben, Jacinto R., *Biografías argentinas y sudamericanas*, Buenos Aires, 1938-1939.

ARCHIVOS

110. Archivo General de la Nación. República Argentina.

111. Archivo del Comando en Jefe del Ejército Argentino.

112. Archivo de la Provincia de Jujuy.

113. Archivo de la Provincia de Salta.

114. Archivo del general Juan Antonio Álvarez de Arenales.

ÍNDICE

Prólogo 9

PRIMERA PARTE

1. La osadía de Belgrano 13
2. Moreno, el jacobino 16
3. Tierras altas y tierras bajas 18
4. Un testigo del horror 19
5. La "Teniente Coronela" y la vendedora callejera 21
6. Borracheras y concubinas 24
7. "Cargue con esa cruz" 26
8. Blasfemias, misas negras y Guerra Santa 29
9. Güemes bajo la lupa 31
10. Etimología de la Argentina 32
11. El fracaso "auxiliar" 33
12. Matar a Güemes: misión cumplida 34
13. "Deseamos pertenecer a la Gran Bretaña" 37
14. Chuquisaca, el fermento revolucionario 39
15. La poesía en la tragedia 42
16. Las sociedades secretas 46
17. Una pérdida inexplicable 49
18. La pareja indómita 52

SEGUNDA PARTE

1. La memoria del desagrado 57
2. ¿Colonia española o inglesa? 58

3. El silogismo de Charcas 60
4. Una artimaña salvadora 62
5. La mecha que no ardía 63
6. Un marqués revolucionario 66
7. Francia y sus agentes 68
8. Los atropellos "abajeños" 70
9. Las "tierras altas" y nuestra independencia 74
10. Un oficio tardío 75
11. Monteagudo, la exaltación intelectual 77
12. Los "tapados" 80
13. Un monarca para el Río de La Plata 82
14. Las heroicas cochabambinas 84
15. Por la Patria, todo 86
16. La guerra es siempre salvaje 87
17. Epopeya y canibalismo 89
18. El neotomismo hispánico 91

TERCERA PARTE

1. "Bizarros patriotas campesinos" 95
2. Belgrano, un estratega cuestionado 97
3. La lealtad del Alto Perú 99
4. Corrupción en las filas patriotas 100
5. El cura guerrillero 101
6. "Sacrificios oscuros y deliberados" 104
7. La nobleza de Padilla 106
8. Alvear, negociaciones y escándalo 110
9. La astucia del enemigo 112
10. Instrucciones reservadas 114
11. El genio militar de San Martín 117
12. Méritos e imbecilidades 119
13. Un elogio "godo" 120
14. Disposición humanitaria 122
15. Si Dorrego hubiera combatido... 123
16. El nombre de la calle Florida 124
17. La Patria al mejor postor 127
18. El verdugo de caudillos 128

CUARTA PARTE

1. El carácter de Belgrano 133
2. La hazaña de "Tambo Nuevo" 135
3. La "guerra de recursos" 137
4. "Funesta habilidad" 138
5. Desatinos de Rondeau 139
6. El pan a medio comer 142
7. Americanos por España, españoles por América 144
8. ¿Quién cosió nuestra primera bandera? 145
9. El Libertador fusila 146
10. Una "monarquía temperada" 149
11. "Luz que me despiertas en cada mañana" 150
12. La decepción de Sarratea 152
13. Después de Ayohúma 154
14. Un arma eficaz: el soborno 157
15. La lucha por el poder en la logia Lautaro 159
16. Demonios y harapos 161
17. Miseria e ingratitud 163
18. Los dientes del prócer 165

Bibliografía 169

Composición de originales
Gea XXI

Esta edición de 3.000 ejemplares
se terminó de imprimir en
La Prensa Médica Argentina,
Junín 845, Buenos Aires,
en el mes de enero de 1999.